U0910152

国家智库报告 2016（11）
National Think Tank
经 济

中国海外投资国家风险评级报告（2016）

中国社会科学院世界经济与政治研究所 著

COUNTRY-RISK RATING OF OVERSEAS INVESTMENT FROM CHINA(CROIC-IWEP)(2016)

中国社会科学出版社

图书在版编目(CIP)数据

中国海外投资国家风险评级报告. 2016/中国社会科学院世界经济与政治研究所著. —北京：中国社会科学出版社，2016. 3

(国家智库报告)

ISBN 978－7－5161－7771－6

Ⅰ. ①中…　Ⅱ. ①中…　Ⅲ. ①海外投资—风险评价—研究报告—中国—2016　Ⅳ. ①F832. 6

中国版本图书馆 CIP 数据核字(2016)第 049501 号

出 版 人　赵剑英
责任编辑　王　茵
特约编辑　喻　苗
责任校对　石春梅
责任印制　李寡寡

出　　版　中国社会科学出版社
社　　址　北京鼓楼西大街甲 158 号
邮　　编　100720
网　　址　http://www.csspw.cn
发 行 部　010－84083685
门 市 部　010－84029450
经　　销　新华书店及其他书店

印刷装订　北京君升印刷有限公司
版　　次　2016 年 3 月第 1 版
印　　次　2016 年 3 月第 1 次印刷

开　　本　787×1092　1/16
印　　张　8.5
插　　页　2
字　　数　115 千字
定　　价　38.00 元

摘要：中国已经是国际投资舞台上的重要参与者。但中国企业对外直接投资迅速增长的同时，所受外部风险显著提升。本评级体系从中国企业和主权财富的海外投资的视角出发，构建经济基础、偿债能力、社会弹性、政治风险和对华关系五大指标、41个子指标，通过风险警示，为企业降低海外投资风险、提高海外投资成功率提供参考。今年我们进一步将评级样本国家扩充至57个，使得体系更具有全面性。同时我们特别对一带一路35个国家做出风险评级，提升报告对政策制定的参考价值。

Abstract: China is currently one of the most important players in the global investment scene. However, with the rapid growth of overseas investment, there is also sharp increase of the investment risks. Our country-risk rating system constructs five indicators, including economic fundamentals, ability to service debt, social flexibility, political risk and the relation with China, to provide warning and reference for Chinese enterprises and sovereign wealth funds. This year's rating system expands to fifty-seven countries, which makes our system more comprehensive. Besides, we also carry on risk rating for thirty-five "One Belt One Road" eonomies to enhance the reference value for policymakers.

目　录

2016年中国海外投资国家风险评级主报告

CROIC - IWEP

一 评级背景

中国已经成为国际投资舞台上最重要的参与者之一。2014年中国对外直接投资再创新高，达到1231.2亿美元，较上年增长了14.2%。自2003年中国商务部联合国家统计局、国家外汇管理局发布权威年度数据以来，中国对外直接投资流量连续12年实现增长，在2002—2014年期间的年均增速达到37.5%。2014年中国对外直接投资流量是2002年的45.6倍。同时，2014年中国对外直接投资存量达到8826.4亿美元，在全球排名上升3位，位居第8，首次步入全球前十。未来，随着中国经济的转型升级以及企业竞争力的逐渐增强，再加上资本账户的渐进开放，“海外中国”的体量将变得更为巨大。

在中国企业对外直接投资迅速增长的同时，投资面临的外部风险也在显著提升。缅甸密松水坝项目停工、斯里兰卡重新评估中国援建港口项目、中澳铁矿百亿减值、墨西哥高铁项目被无限期搁置等事件，均成为中国对外直接投资受阻或失败的典型案例。因此，做好风险预警，进而准确识别与有效应对相应风险，是中国企业提高海外投资成功率的重要前提。

二　各评级机构评级方法综述

（一）发布国家信用评级的机构简介

国家信用评级可以追溯到第一次世界大战之前的美国。经过近一个世纪的发展，市场上形成了标准普尔（Standard & Poor）、穆迪（Moody's）和惠誉（Fitch）三家美国信用评级机构垄断的局面，占据全球 90% 以上的市场份额。

标准普尔是全球知名的独立信用评级机构，它拥有 150 多年的历史并在全球 23 个国家和地区设有办事处。目前，标准普尔对 126 个国家和地区的主权信用进行了评级，并于每周更新各个国家和地区的主权信用评级。穆迪主要对参与国际资本市场的一百多个国家和地区进行评级，其分支机构遍布全球 29 个国家和地区，员工总计约 7000 人。惠誉是唯一一家欧洲控股的评级机构，其规模较以上两家稍小。如今，经历了数次并购和巨大增长之后，惠誉评级已成长为世界领先的国际信用评级机构，在全球设立了 50 家分支机构和合资公司，致力于为国际信用市场提供独立和前瞻性的评级观点、研究成果及数据报告。

与此同时，不同类型、各具特色的评级机构也蓬勃发展，通过差异化竞争在市场上谋得一席之地。其中比较出名的包括：经济学人信息实体（Economist Intelligence Unit，EIU）、国际国别风险评级指南机构（ICRG）以及环球透视（IHS Global Insight，GI）。

EIU 是“经济学人集团”下属独立单位，主要进行经济预测和咨询服务，覆盖全球 120 个国家和地区。EIU 风险服务的目标客户是由于从事借款、贸易信贷以及其他商业活动而面临跨境信用风险或金融风险的机构。

ICRG 自 1980 年起便开始定期发布国际国家风险指南。目前，该指南的国别风险分析覆盖了全球近 140 多个国家，并以季度为基础进行数据更新并逐月发布。

GI于2001年成立，目前为3800多家客户提供详尽的国家风险分析，主要针对在海外开展营商活动的投资者。GI评级的覆盖范围超过200个国家和地区。作为一家付费咨询机构，分析的风险对象涵盖范围极广，包括国家的营商、主权信用乃至一国某个地区的运营风险。

由于评级体系的构建对方法的科学性、全面性和多样性都有较高的要求，同时数据采集和处理具有较高的复杂性，目前评级市场仍然由发达国家的评级机构占据主导地位，发展中国家的评级机构大多处于起步阶段。这其中包括了中国的大公国际资信评估公司。

大公国际资信评估公司（简称大公）于2010年7月成立，并基于三大评级机构的评级方法和新兴经济体的立场提出了自己的主权信用评级标准和方法，定期发布主权信用评级报告。到目前为止，大公已经发布了全球90个国家和地区的信用等级，以亚洲、大洋洲和欧洲居多，其中具有AAA级的国家和地区有7个。

（二）评级对象

标准普尔、穆迪和惠誉三大评级机构从定性和定量的角度，对主权国家政府足额、准时偿还债务的能力和意愿进行综合性评估，针对的是主权债务的综合风险。大公国际和ICRG也遵循着类似的原则，对主权债务风险做出判断。在金融市场上，该风险的具体表现往往是一国国债的违约概率、预期损失和回收率。

EIU的评级对象除了主权风险之外还单列出货币风险和银行部门风险。ICRG的评级对象更具独特性，针对的是直接投资风险，因此除了金融市场因素以外，还往往涉及和当地经营直接相关的因素，比如治安环境等。

中国社会科学院的中国海外投资国家风险评级体系（CRO-IC）综合考量了债务投资和直接投资的风险，这与目前中国海外投资形式的多样性紧密契合。

（三）评级指标体系

尽管三大评级机构和大公、EIU、ICRG、GI 这七家评级机构的评级对象各有不同，但指标体系都可以大致分为经济、政治和社会三大模块。

在经济方面，一国的人均收入、国民生产总值等指标可以反映出该国的经济基础。而一国的外债占进出口比重、财政收入赤字占 GDP 比重等指标可以反映出该国的短期偿债能力。经济基础和短期偿债能力共同构成了一国的总体偿债实力。

在政治方面，各大机构都会对政治稳定性、参与度、治理有效性等指标做出考察。政治风险在本质上衡量的是一国的偿债意愿。即使一国财政实力充足，资源丰富，但由于政治动乱依然可能加大该国的偿债风险。

在社会方面，不同的评级机构有不同的处理方法。大部分机构注重考察社会的弹性程度，也就是社会应对危机的能力，这往往在种群和谐程度、法律健全程度等指标上有所反映。对于衡量直接投资风险的 GI 评级体系来说，社会弹性是尤其重要的指标模块。

中国海外投资国家风险评级体系（CROIC）则综合了上述的经济、政治和社会因素的考量，并引入与中国关系这一指标模块，力求更加全面、综合、具有针对性地衡量我国海外投资的风险。

（四）评级方法特点

在制度偏好方面，标准普尔、穆迪与惠誉三大评级机构和 ICRG 都将政治因素视为统领国家信用评级标准的核心，将政治自由化程度、民主政治观念和体制等作为评判一国政治好坏的标准，同时强调经济开放对于一国信用等级的正面作用。这在一定程度上忽略了各国的具体国情。大公在评级时特别突出了国家管理能力这一指标，力求避免完全以西方政治生态为标杆的评级模式。但由于缺乏一定的评判标准，如何对各国的治理水平进行客观公正的衡量成为摆在大公面前的一道难题。EIU 在经济实力的评价上对发达国家、发展中国家和欧元区国家做出了区分，采用不同的评级标准，对制度偏好的问题有所改善。GI 则更加强调制度的实际效果，而且由于政治制度所占的权重相对较小，在制度偏好上较为中立。

在客观程度方面，由于客观的定量因素不能完全衡量一国的国家风险，因此定性指标是必需的。这对于无法定量衡量的政治与社会风险来说尤其重要。所有 7 个评级机构都采取了定性与定量相结合的评级方法，其中定性指标的量化通常采用专家打分的方式，并且最终的评级结果也都由评级委员会通过主观调整后给出。这不可避免地会引入分析师的主观判断因素。此外，几乎所有的评级机构都是盈利性机构，向客户收取评级费用和年费是其主要的收入来源。而被评级对象为了获得高级别，也会甘愿支付高额评级费用。因此，双方利益的驱动或会对评级的独立客观性造成影响。

在指标体系的全面性上，三大评级机构的指标体系都涵盖了政治风险、经济风险和外部风险。但从反映各大因素的每一个细项指标来看，惠誉的指标体系要比标准普尔和穆迪更加具体。大公特别突出了政府治理水平和金融水平两大因素对于主权风险的影响作用。为了摒弃三大评级机构的制度偏好，大公将国家治理水平列为一个独立因素进行分析。此外，它还将金融因素从经济因素中抽离出来进行更细致的评估。

EIU 和 GI 的指标体系也较为全面。其中，EIU 包含有 60 个细分指标，涵盖面较广。比如在融资和流动性模块下，EIU 包括有银行业不良贷款比率、OECD 国家短期利率、银行业信贷管理能力等细致指标，这对银行部门的风险衡量十分有效。GI 的指标体系也涵盖到了直接投资和商业运营的大多数方面。相比之下，ICRG 的评级体系中政治类指标占了大多数，而经济和金融风险的指标相对较少，只选取了比较有代表性的几个指标。这样的评级方法过于偏重政治风险。

在前瞻性方面，几大评级机构都不能预测货币危机和银行危机，而只能在事后进行调整。这主要是因为评级机构在评估时过度依赖历史数据，缺乏对一国的长期发展趋势的判断，使得评级效果大打折扣。但评级机构对未来进行预测时又不可避免会引入主观评判。因此，如何更快地更新数据，对未来进行科学预测，是所有评级方法都面临的挑战。

在透明度方面，一个完整的信用评价体系应当包括评估对象、指标体系、打分方法、权重设定和评级结果共五点，而几乎所有的评级机构仅对外公布评级结果和一部分评级方法，所有的指标数据和最终得分并不公开，因此透明度还有待提高。但这也与机构的商业性质和数据的核心机密性有关。

在是否适合中国国情方面，大部分评级机构没有对此进行单独考虑。我国对外投资活动日益频繁，而且出现了独特的国别特征。例如，我国对外债权、股权等金融市场投资和直接投资并举，在发达市场上以国债购买为主，在新兴市场上以直接投资为主。因此，在衡量国别风险时，值得对这些因素进行细致考察。此外，在当今国际局势不断变化的环境下，随着中国国家力量的上升，不同国家与中国外交关系的远近，甚至民间交往的深度和广度，都会对以中国为主体的投资行为有所影响。大公国际和中国海外投资国家风险评级体系（CROIC）对此都有单独考量，在一定程度上弥补了传统评级机构方法的不足。

三 CROIC－IWEP 国家风险评级方法

（一）指标选取

为了全面和量化评估中国企业海外投资面临的主要风险，本评级体系纳入经济基础、偿债能力、社会弹性、政治风险、对华关系五大指标，共41个子指标。

1. 经济基础

经济基础指标提供了一个国家投资环境的长期基础，较好的经济基础是中国企业海外投资收益水平和安全性的根本保障。

经济基础指标包含10个子指标（见表1），其中：GDP、人均GDP、基尼系数衡量了一国的经济规模和发展水平；经济增长率、通货膨胀率和失业率衡量了一国的经济绩效；GDP增速的波动系数衡量了一国经济增长的稳定性；本体系还从贸易、投资、资本账户三个方面衡量了一国的开放度。

表1 **经济基础指标**

经济基础指标	指标说明	数据来源
1. 市场规模	GDP总量	WDI，CEIC
2. 发展水平	人均GDP	WDI，CEIC
3. 经济增速	GDP增速	WDI，CEIC
4. 经济波动性	GDP增速的波动性（5年波动系数）	WDI，CEIC
5. 贸易开放度	（进口+出口）/GDP	WDI，CEIC，UNCTAD
6. 投资开放度	（外商直接投资+对外直接投资）/GDP	WDI，CEIC，UNCTAD
7. 资本账户开放度	Chinn - Ito指数（反映资本账户管制能力）	Bloomberg
8. 通货膨胀	居民消费价格指数（CPI）	WDI，CEIC
9. 失业率	失业人口占劳动人口的比率	WDI，CEIC
10. 收入分配	基尼系数	WDI，CEIC，CIA

注：WDI为世界银行World Development Indicators，CEIC为香港环亚经济数据有限公司数据库，UNCTAD Stat为联合国贸易和发展会议的数据库，Bloomberg是全球领先的金融数据供应商，CIA为美国中央情报局Central Intelligence Agency。

2. 偿债能力

偿债能力指标衡量了一国公共部门和私人部门的债务动态和

偿债能力。如果一国爆发债务危机，包括直接投资和财务投资在内的各种类型的投资安全都会受到影响。

偿债能力指标包含9个子指标（见表2），其中：公共债务占GDP比重和银行业不良资产比重主要用于衡量一国国内公共部门和私人部门的债务水平；外债占GDP比重和短期外债占总外债比重衡量了一国的外债规模和短期内爆发偿债危机的风险；财政余额占GDP比重衡量了一国的财政实力、外债占外汇储备比重衡量了一国的外汇充裕度、再加上经常账户余额占GDP比重以及贸易条件，共同反映了一国的偿债能力。

表2 **偿债能力指标**

偿债能力指标	指标说明	数据来源
1. 公共债务/GDP	公共债务指各级政府总债务	WEO
2. 外债/GDP	外债指年末外债余额	WDI，QEDS
3. 短期外债/总外债	短期外债指期限在一年或一年以下的债务	WDI，QEDS
4. 财政余额/GDP	财政余额等于财政收入－财政支出	WEO
5. 外债/外汇储备	外债指的是年末外债余额	WDI
6. 经常账户余额/GDP	经常账户余额为货物和服务出口净额、收入净额与经常转移净额之和	WDI，CEIC
7. 贸易条件	出口价格指数/进口价格指数	WDI
8. 银行业不良资产比重	银行不良贷款占总贷款余额的比重	WDI
9. 是否为储备货币发行国	扮演国际储备货币角色的程度	德尔菲法

注：WEO为国际货币基金组织World Economic Outlook Databases，WDI为世界银行World Development Indicators，QEDS为国际货币基金组织和世界银行Quarterly External Debt Statistics，CEIC为香港环亚经济数据有限公司数据库。

3. 社会弹性

社会弹性指标反映了影响中国企业海外投资的社会风险因素，良好的社会运行秩序能确保企业有序的经营。

社会弹性指标包含8个子指标（见表3），其中：教育水平衡量了一个国家基本的劳动力素质；社会、种族、宗教冲突的严重性以及犯罪率衡量了一国的内部冲突程度和社会安全；环境政策、资本和人员流动限制、劳动力市场管制和商业管制反映了一国的经商环境。劳动力素质越高、内部冲突程度越低、社会安全和经商环境越好，企业投资的风险越小。

表3　**社会弹性指标**

社会弹性指标	指标说明	数据来源
1. 内部冲突	社会、种族、宗教冲突严重性，1—10分，分数越高，内部冲突程度越严重	BTI
2. 环境政策	对环境议题的重视，1—10分，分数越高，环境政策越严厉	BTI
3. 资本和人员流动的限制	对资本和人员流动的限制，0—10分，分数越高，资本和人员流动越自由	EFW
4. 劳动力市场管制	劳动力市场管制包括雇佣和解雇规定，最低工资和工作时间规定等，0—10分，分数越高，劳动力市场管制越低	EFW
5. 商业管制	行政和官僚成本，开业难易，营业执照限制等，0—10分，分数越高，商业管制越低	EFW
6. 教育水平	平均受教育年限	UNESCO
7. 社会安全	每年每十万人中因谋杀死亡的人数	UNODC
8. 其他投资风险	包括没有被其他政治风险、经济风险、金融风险要素所覆盖的投资风险，0—12分，分数越高，其他投资风险越大	ICRG

注：BTI为Transformation Index of the Bertelsmann Stiftung，EFW为Fraser Institute的Economic Freedom of the World年度报告，ICRG为PRS集团International Country Risk Guide，UNESCO为联合国教科文组织，UNODC为联合国毒品和犯罪问题办公室。

4. 政治风险

政治风险指标考察的是一国政府的稳定性和质量，以及法律环境和外部冲突，较低的政治风险是企业安全投资的先决条件之一。

政治风险指标包含8个子指标（见表4），其中：任期还剩多少年、政府执行所宣布政策的能力以及保持政权的能力、军事干预政治三个子指标反映了一国政府的稳定性；政治体系的腐败程度、政府对民众诉求的回应、公共服务和行政部门的质量反映了一国政府的治理质量；法治水平是契约和产权保护的重要保证。一国政府的稳定性和治理质量越高、法治环境越健全、外部冲突越小，中国企业在其投资的风险越低。

表4　**政治风险指标**

政治风险指标	指标说明	数据来源
1. 执政时间	任期还剩多少年	DPI
2. 政府稳定性	政府执行所宣布政策的能力以及保持政权的能力，0—12分，分数越高，政府越不稳定	ICRG
3. 军事干预政治	军队部门对一国政府的参与程度，0—6分，分数越高，军事干预政治越严重	ICRG
4. 腐败	政治体系的腐败程度，0—6分，分数越高，越腐败	ICRG
5. 民主问责	政府对民众诉求的回应，0—6分，分数越高，民主问责越弱	ICRG
6. 政府有效性	公共服务的质量、行政部门的质量及其独立于政治压力程度、政策形成和执行质量，-2.5—2.5，分数越高，政府有效性越强	WGI
7. 法治	履约质量，产权保护，-2.5—2.5，分数越高，法治程度越高	WGI
8. 外部冲突	来自国外的行为对在位政府带来的风险。国外的行为包括非暴力的外部压力，例如，外交压力、中止援助、贸易限制、领土纠纷、制裁等，也包括暴力的外部压力，例如，跨境冲突，甚至全面战争，0—12分，分数越高，外部冲突越严重	ICRG

注：DPI为世界银行的Database of Political Institutions，ICRG为PRS集团International Country Risk Guide，WGI为世界银行的Worldwide Governance Indicators。

5. 对华关系

对华关系指标衡量了影响中国企业在当地投资风险的重要双

边投资政策、投资情绪和政治关系，较好的对华关系是降低投资风险的重要缓冲。

对华关系指标包含6个子指标。第一个子指标是双方是否签订了投资协定（BIT）以及该协定是否已经生效。如果中国与该国签署了BIT，将有助于降低中国企业在当地的投资风险。第二个和第三个子指标采用德尔菲法进行的专家打分，分别衡量了投资受阻程度和双边政治关系，较低的投资受阻和较好的双边政治关系，有助于降低中国企业在当地进行投资的风险。

后三个指标为2015年起新增指标。其中，贸易（投资）依存度衡量了中国和一国之间的双边贸易（投资）占该国贸易（投资）的比重。免签情况则衡量了对方对中国公民发放签证的便利程度。

表5　**对华关系指标**

对华关系指标	指标说明	数据来源
1. 是否签订BIT	1，已签订且生效；0.5，已签订未生效；0，未签订	中国商务部
2. 投资受阻程度	分数越高，投资受阻越小	德尔菲法
3. 双边政治关系	分数越高，双边政治关系越好	德尔菲法
4. 贸易依存度	分数越高，对方对中国贸易依存度越高	CEIC，WDI
5. 投资依存度	分数越高，对方对中国直接投资依存度越高	CEIC，WDI
6. 免签情况	分数越高，对方对中国公民的签证便利度越高	商务部

注：BIT为双边投资协定；德尔菲法又名专家意见法或专家函询调查法，采用背对背的通信方式征询专家小组成员的意见。

（二）标准化、加权与分级

在选取指标并获得原始数据后，本评级体系对于定量指标（经济基础和偿债能力）采取标准化的处理方法，而对定性指标（政治风险、社会弹性以及对华关系）的处理有两种方式，即运用其他机构的量化结果或者由评审委员打分，再进行标准化。

本评级体系采用0—1标准化，也叫离差标准化，将原始数据进行线性变换，使结果落到［0，1］区间，分数越高表示风险越低。转换函数如下：

$$x^{*} = 1 - \left|\frac{x - x_{适宜值}}{\max - \min}\right|$$

其中，x^{*}为将x进行标准化后的值，x适宜值为对应风险最低的指标值，max为样本数据的最大值，min为样本数据的最小值。

对定量指标进行标准化并转化为风险点得分的关键在于找到x适宜值。在样本范围内，数值与适宜值越近，得分越高。

适宜值的判断方法有两类：一类是设定绝对适宜值，也就是适宜值的大小与样本国家的选择无关。例如，本体系将CPI指标的适宜值设定为2%，失业率的适宜值设定为5%。第二类是在样本中找到相对适宜值。例如，本体系将GDP的适宜值设定为该样本中GDP的最大值，将GDP增速的波动性的适宜值设定为该样本中GDP增速的波动的最小值。此外，由于某些指标对于发达国家和发展中国家不应选用相同的适宜值，本评级体系也进行了区分。例如，偿债能力指标中子指标公共债务/GDP与外债/GDP既反映了债务规模，也反映了举债能力。对于这两个子指标，本评级体系区分为发达国家和发展中国家两组，每一组的最低值为各组的适宜值。

以上标准化过程中，我们遵循四大原则：第一，标准化必须合乎逻辑；第二，标准化必须要考虑异常值的处理；第三，标准化必须客观，尽量减少主观判断；第四，标准化后的得分需具有区分度。

在对经济基础、偿债能力、政治风险、社会弹性和对华关系五大指标下的细项指标分别标准化后，加权平均得到这五大风险要素的得分，区间为0—1。分数越高表示风险越低。然后，我们对五大要素加权平均，由于五大指标都是中国企业海外投资风险评级的重要考量点，我们采用相同的权重，都为0.2（见表6）。最后，我们将得到的分数转化为相应的级别。本评级体系按照国家风险从低到高进行9级分类：AAA、AA、A、BBB、BB、B、CCC、CC与C。其中AAA和AA为低风险级别，A与BBB为中等风险级别，BB及以下为高风险级别。

表6　**国家风险评级指标权重**

指标	权重
经济基础	0.2
偿债能力	0.2
政治风险	0.2
社会弹性	0.2
对华关系	0.2

（三）评级样本

本评级体系今年共纳入57个国家进入评级样本，分别是：阿联酋、埃及、巴基斯坦、白俄罗斯、保加利亚、波兰、俄罗斯、菲律宾、哈萨克斯坦、吉尔吉斯斯坦、柬埔寨、捷克、老挝、罗马尼亚、马来西亚、蒙古、孟加拉国、缅甸、沙特阿拉伯、斯里兰卡、塔吉克斯坦、泰国、土耳其、土库曼斯坦、乌克兰、乌兹别克斯坦、希腊、新加坡、匈牙利、伊拉克、伊朗、以色列、印度、印度尼西亚、越南、阿根廷、埃塞俄比亚、安哥拉、澳大利亚、巴西、德国、法国、韩国、荷兰、加拿大、肯尼亚、美国、墨西哥、南非、尼日利亚、日本、苏丹、委内瑞拉、新西兰、意大利、英国、赞比亚（见表7）。

表7 国家风险评级样本

	国家	所在洲	截至2014年投资存量（亿美元）		国家	所在洲	截至2014年投资存量（亿美元）
1	阿联酋	亚太	23.33	30	伊拉克	亚太	3.75
2	埃及	非	6.57	31	伊朗	亚太	34.84
3	巴基斯坦	亚太	37.37	32	以色列	亚太	0.86
4	白俄罗斯	欧	2.58	33	印度	亚太	34.07
5	保加利亚	欧	1.70	34	印度尼西亚	亚太	67.93
6	波兰	欧	3.29	35	越南	亚太	28.66
7	俄罗斯	欧	86.95	36	阿根廷	美	17.92
8	菲律宾	亚太	7.60	37	埃塞俄比亚	非	9.15
9	哈萨克斯坦	亚太	75.41	38	安哥拉	非	12.14
10	吉尔吉斯斯坦	亚太	9.84	39	澳大利亚	亚太	238.82
11	柬埔寨	亚太	32.22	40	巴西	美	28.33
12	捷克	欧	2.43	41	德国	欧	57.86
13	老挝	亚太	44.91	42	法国	欧	84.45
14	罗马尼亚	欧	1.91	43	韩国	亚太	27.72
15	马来西亚	亚太	17.86	44	荷兰	欧	41.94
16	蒙古	亚太	37.62	45	加拿大	美	77.89
17	孟加拉国	亚太	1.60	46	肯尼亚	非	8.53
18	缅甸	亚太	39.26	47	美国	美	380.11
19	沙特阿拉伯	亚太	19.87	48	墨西哥	美	5.41
20	斯里兰卡	亚太	3.64	49	南非	非	59.54
21	塔吉克斯坦	亚太	7.29	50	尼日利亚	非	23.23
22	泰国	亚太	30.79	51	日本	亚太	25.47
23	土耳其	欧	8.82	52	苏丹	非	17.47
24	土库曼斯坦	亚太	4.48	53	委内瑞拉	美	24.93
25	乌克兰	欧	0.63	54	新西兰	亚太	9.62
26	乌兹别克斯坦	亚太	3.92	55	意大利	欧	7.19
27	希腊	欧	1.21	56	英国	欧	128.05

续表

	国家	所在洲	截至2014年投资存量（亿美元）		国家	所在洲	截至2014年投资存量（亿美元）
28	新加坡	亚太	206.39	57	赞比亚	非	22.72
29	匈牙利	欧	5.56				

截至2014年底，中国对外直接投资分布在全球179个国家（地区），本评级体系选用以上57个国家作为本次评级样本，主要是基于以下三个标准：

1. 主要涉及的是真实的投资活动。中国在当地进行的主要是真实的投资活动（生产、研发、雇佣、经营等），而不是以该地为投资中转地或者避税等资金运作中心。香港地区就是中国对外直接投资的重要中转地。2014年，58%的中国对外直接投资首先流向了香港地区，其中较大一部分以香港地区为平台，最终流向其他地方。其中以投资控股为主要目标的租赁和商务服务业占到中国对香港地区直接投资流量的33.8%、存量的45.7%。因此，本次评级暂不纳入香港地区、开曼群岛、英属维尔京群岛、卢森堡等国际自由港。

2. 重点选择G20国家以及中国海外投资额较大的其他国家。这57个评级样本国家全面覆盖了北美洲、大洋洲、非洲、拉丁美洲、欧洲、亚洲及太平洋地区，在当地的投资额较大，占到中国全部对外直接投资存量的85%①，因此具有广泛的代表性。

3. 满足主要指标数据，尤其是定量指标（经济基础和偿债能力）的可得性。本体系运用经济基础、偿债能力、政治风险、社会弹性和对华关系五大指标作为国家风险评级的依据，因此数据的完备性和可得性十分重要。例如，利比亚虽满足前两个条件，即中国在这两个国家的投资额较大且主要涉及的是真实的投资活

① 不包括香港地区、英属维尔京群岛、开曼群岛、卢森堡和百慕大群岛这些主要的投资中转地以及避税等资金运作中心。

动，但由于缺乏大量支持数据，主要是经济基础和偿债能力数据，因此本次评级样本没有纳入利比亚。

（四）本评级方法的特点

1. 中国企业海外投资视角

本国家风险评级体系从中国企业和主权财富的海外投资视角出发，构建经济基础、偿债能力、社会弹性、政治风险和对华关系五大指标、共41个子指标全面和量化评估了中国企业海外投资所面临的战争风险、国有化风险、政党更迭风险、缺乏政府间协议保障风险、金融风险以及东道国安全审查等主要风险。本评级体系通过提供风险警示，为企业降低海外投资风险、提高海外投资成功率提供参考。

2. 重点关注直接投资，同时兼顾主权债投资

现有主要评级机构的国家风险评级体系衡量的是投资者所面临的针对某一个国家的金融敞口风险，其中核心关注点是主权债，即从定性和定量的角度，对主权国家政府足额、准时偿还商业债务的能力和意愿进行综合性评估。本评级体系在兼顾主权债投资所面临的国家风险的同时，重点关注的是中国企业海外直接投资面临的风险。目前，中国已经是全球第三大对外直接投资国，并且随着国内转型升级和企业竞争力的提高，中国对外直接投资将会持续高速增长。传统上主要对主权债务投资风险的关注已经无法满足当下中国企业的实际需求，因此，本国家风险评级体系重点关注直接投资所面临的风险要素，纳入的指标涵盖环境政策、资本和人员流动的限制、劳动力市场管制、商业管制、是否签订BIT、贸易依存度、投资依存度、免签情况以及直接投资受阻程度等。

3. 五大指标体系综合全面覆盖经济、社会、政治、偿债能力和对华关系

影响一国投资风险的因素很多，并且它们之间的关系错综复

杂，不存在一个定量模型将全部因素包括进去。在进行国家风险评级时，本评级方法将定性和定量指标相结合，综合全面覆盖了经济基础、偿债能力、社会弹性、政治风险和对华关系五大指标体系。在传统由经济和金融指标构成的定量评估的基础上，增加了社会弹性、政治风险和对华关系等定性评估指标，且定性分析指标占到本评级体系指标总量的一半以上。本评级体系对这五大指标体系进行了深入研究，明确了各部分的核心指标，并根据各国国情的不同、对核心指标的评价方法给予区别对待，同时密切关注指标之间、要素之间的内在联系，从而形成了一个逻辑清晰、框架严谨、指标优化、论证科学的方法体系。

4. 特色指标：对华关系

中国需要创建适合自身国情需要的国家风险评级体系。本评级体系一个重要的特色指标是对华关系，包含双方是否签订 BIT、投资受阻程度、双边政治关系、贸易和投资依存度以及免签情况等六个子指标，良好的对华关系是降低中国海外投资风险的重要缓释器。对华关系这一指标既是本评级体系区别于其他国家风险评级的特色指标，同时也是为评估中国海外直接投资所面临的主要风险量身打造。以投资受阻程度这一子指标为例，中国企业在海外投资频频遭遇阻力。斯里兰卡重新评估中国援建港口项目、中澳铁矿百亿减值、墨西哥高铁项目被无限期搁置等成为投资受阻和失败的典型案例。投资受阻显著增加了中国企业的投资风险，因此成为本体系的重要考量指标之一。

5. 依托智库，将客观独立作为国家风险评级的基本立场

本评级体系依托中国社会科学院世界经济与政治研究所这一中国领先、国际知名的智库。本研究所的主要研究领域包括全球宏观、国际金融、国际贸易、国际投资、全球治理、产业经济学、国际政治理论、国际战略、国际政治经济学等，有将近 100 位专业研究人员。在美国宾夕法尼亚大学 2013 年全球智库排名榜上，中国社会科学院蝉联亚洲第一，在全球总榜单中排名第 10

位。按照分类排名，2012 年世界经济与政治研究所国内经济政策类排名全球第 11，国际经济政策类排名第 27。

发布国家风险评级的团队是国际投资研究室。本室的主要研究领域包括跨境直接投资、跨境间接投资、外汇储备投资、国家风险、国际收支平衡表与国际投资头寸表等。团队成员为姚枝仲、张明、王永中、张金杰、李国学、潘圆圆、韩冰、王碧珺、高蓓、陈博、黄瑞云和赵奇锋。研究室定期发布国际投资研究系列（International Investment Studies），主要产品包括：中国对外投资季度报告、国家风险评级报告、工作论文与财经评论等。

中国社会科学院世界经济与政治研究所将客观独立作为国家风险评级的基本立场。客观独立是指本着对国家风险关系所涉及的各方利益同等负责的态度，采取公正的、客观的立场制定国家风险评级标准，反对通过信用评级进行利益输送。

（五）未来规划

每年发布一次。这是本评级体系建成后第三次发布国家风险评级结果。我们将不断改进评级体系，并计划未来每年都发布一次国家风险评级，提供若干风险变化之警示。

增加评级国家样本。本次评级是第三次评级，我们选取了 57 个国家作为评级样本，比上次增加了 21 个国家。如上所述，我们的样本选择遵循三个基本原则：一是主要涉及的是真实的投资活动；二是在地理分布上具有广泛的覆盖性，在当地的投资额较大；三是满足主要指标数据，尤其是定量指标（经济基础和偿债能力）的可得性。这一样本覆盖了中国全部对外直接投资存量的 85%①。未来，我们在遵循以上三个样本选择基本原则的基础上将纳入更多的国家（地区）进入评级体系，以全面服务于走向世

① 不包括香港、英属维尔京群岛、开曼群岛、卢森堡和百慕大群岛这些主要的投资中转地以及避税等资金运作中心。

界各个角落的中国企业的海外投资需求。此外，在满足上述三个要求的基础上，为了服务中国的“一带一路”战略，本次评级样本所增加的21个国家，19个为“一带一路”沿线国家。

改进评级体系。虽然有强大的研究团队和智库支持，本评级体系仍然有较大改进空间。未来在指标选择、权重设定、方法构建上，本评级体系都将根据国内外不断变化的形势、中国企业不断演进的海外投资模式以及不断出现新的投资风险进行相应改进。

深化学术和政策研究。未来，我们将基于本评级体系深入学术和政策性研究，分析中国企业海外投资所面临的国家风险的决定因素、影响途径以及化解方法。

四 CROIC－IWEP国家风险评级结果分析

本次评级对57个国家进行了评级，包括德国、美国等16个发达经济体①，以及阿联酋、沙特阿拉伯等41个新兴经济体。从区域分布来看，美洲涉及6个国家，欧洲涉及15个国家，非洲涉及8个国家，亚太涉及28个国家。

与2014年相比，总共增加了21个国家，包括4个发达经济体和17个新兴经济体，其中非洲增加了3个国家，欧洲增加了8个国家，亚太增加了10个国家，而所增加国家中19个为“一带一路”国家。

评级结果共分为九级，由高至低分别为AAA、AA、A、BBB、BB、B、CCC、CC、C。其中AAA、AA为低风险级别，包括9个国家；A、BBB为中等风险级别，包括34个国家；BB及以下为高风险级别，包括14个国家。从中可以看出，评级结果呈正态分布，反映出合理的风险分布区间。

---

① 本报告按照世行标准，将韩国列为发达经济体。

（一）总体结果

从总的评级结果来看（见表8），发达国家评级结果普遍高于新兴经济体，投资风险较低。其中排列前10的国家均为发达经济体。

与2014年相比，在剔除新加入21国外的36国中，除德国相对排名不变外，其余国家的相对排名均发生了变化。其中，美国、英国等16个国家的相对排名比2014年有所上升，柬埔寨、印度和老挝3国的级别也比之前上升；澳大利亚、新西兰等19国的相对排名比2014年有所下降，其中，马来西亚的级别比之前下降，而越南和缅甸的级别比之前上升。

与2014年相比，发达经济体相对排名上升的国家占5个，相对排名下降的国家占6个，相对排名不变的国家占1个；在新兴经济体中，相对排名上升的国家占11个，相对排名下降的国家占13个。与2014年明显不同的是，金砖国家的相对排名除巴西外均为上升，其中印度的级别从BB提高到BBB。

总体来说，发达经济体情况与2014年类似，一般经济基础较好，政治风险较低，社会弹性较高。但与2014年相比，出现一些新的积极变化。一方面，因为发达经济体的持续复苏，偿债能力明显好转；另一方面，则是因为受中国“一带一路”战略影响，发达经济体虽然仍对中国的投资怀有警惕，但对华关系有所好转。未来，世界经济将在很长一段时期内处于低速增长，包括发达经济体在内的所有国家都在寻找新的经济增长点，而中国提出的“一带一路”战略为此提供了有利契机。与此同时，以中国为代表的新兴经济体主导成立了亚洲基础设施投资银行，并吸引了除美国和日本之外的主要发达经济体加入。这些都在为发达经济体寻找投资机会的同时，促进了新兴经济体的基础设施建设和经济发展。但发达经济体也存在一定投资机会，如中国已经表明将加入欧洲容克投资计划。

对新兴经济体来说，与2014年类似，经济基础较为薄弱，较多不稳定因素导致政治风险较高，社会弹性较差，偿债能力分化较大，但与中国关系一般比较友好。未来新兴经济体依然是中国海外投资最具潜力的目的地，尤其是对战略资源和市场寻求型投资以及基础设施领域的投资而言。2015年，新兴市场经济增长继续整体放缓，这一状况可能在较长时期内得以持续。随着美联储进入加息通道，新兴经济体将不可避免地面临资本外流，同时由于美联储与其他主要央行货币政策的分化，将导致美元进一步升值，并加大新兴市场汇率风险。此外，由于全球贸易持续低迷，大宗商品价格继续下跌，而新兴经济体内部人口老龄化使得劳动生产率增速下降，以及各国政策的不确定性都将影响其经济增长。在经济下行期，新兴经济体存在的深层次结构性问题更需要通过不断改革得以解决。对在新兴经济体进行投资的中资企业来说，需要密切关注美联储加息对东道国可能引发的负面影响，例如私人和主权债务违约、基建工程合同违约、资本项目管制强化和企业营业收入锐减等风险。

表8 **总体评级结果**

排名	国家	风险评级	排名变化	2014年级别	排名	国家	风险评级	排名变化	2014年级别
1	德国（欧）	AAA	—	AAA	30	土耳其（欧）	BBB	↑	BBB
2	美国（美）	AA	↑	AA	31	柬埔寨（亚太）	BBB	↑	BB
3	英国（欧）	AA	↑	AA	32	泰国（亚太）	BBB	↓	BBB
4	澳大利亚（亚太）	AA	↓	AA	33	伊朗（亚太）	BBB	↓	BBB
5	新西兰（亚太）	AA	↓	AA	34	乌兹别克斯坦（亚太）	BBB	N	N
6	韩国（亚太）	AA	↑	AA	35	巴基斯坦（亚太）	BBB	↓	BBB
7	加拿大（美）	AA	↓	AA	36	印度（亚太）	BBB	↑	BB
8	新加坡（亚太）	AA	↓	AA	37	老挝（亚太）	BBB	↑	BB
9	荷兰（欧）	AA	↓	AA	38	蒙古（亚太）	BBB	↓	BBB

续表

排名	国家	风险评级	排名变化	2014年级别	排名	国家	风险评级	排名变化	2014年级别
10	法国（欧）	A	↑	A	39	肯尼亚（非）	BBB	N	N
11	日本（亚太）	A	↓	A	40	缅甸（亚太）	BBB	↓	BB
12	以色列（亚太）	A	N	N	41	越南（亚太）	BBB	↓	BB
13	阿联酋（亚太）	A	N	N	42	土库曼斯坦（亚太）	BBB	N	N
14	意大利（欧）	A	↑	A	43	塔吉克斯坦（亚太）	BBB	N	N
15	捷克（欧）	A	N	N	44	埃塞俄比亚（非）	BB	N	N
16	匈牙利（欧）	A	N	N	45	尼日利亚（非）	BB	↑	BBB
17	沙特阿拉伯（亚太）	A	N	N	46	孟加拉国（亚太）	BB	N	N
18	波兰（欧）	A	N	N	47	白俄罗斯（欧）	BB	N	N
19	哈萨克斯坦（亚太）	A	↑	A	48	巴西（美）	BB	↓	BB
20	罗马尼亚（欧）	BBB	N	N	49	阿根廷（美）	BB	↓	BB
21	保加利亚（欧）	BBB	N	N	50	安哥拉（非）	BB	↓	BB
22	马来西亚（亚太）	BBB	↓	A	51	赞比亚（非）	BB	↓	BB
23	印度尼西亚（亚太）	BBB	↑	BBB	52	埃及（非）	BB	N	N
24	俄罗斯（欧）	BBB	↑	A	53	吉尔吉斯斯坦（亚太）	BB	N	N
25	希腊（欧）	BBB	N	N	54	乌克兰（欧）	BB	N	N
26	墨西哥（美）	BBB	↑	BBB	55	苏丹（非）	B	↑	B
27	菲律宾（亚太）	BBB	↓	BBB	56	伊拉克（亚太）	B	N	N
28	斯里兰卡（亚太）	BBB	N	N	57	委内瑞拉（美）	B	↓	B
29	南非（非）	BBB	↑	BBB					

注：—表示与2014年相比，剔除新加入21国外的36国中相对排名没有变化的国家；↑表示与2014年相比，剔除新加入21国外的36国中相对排名上升的国家；↓表示与2014年相比，剔除新加入21国外的36国中相对排名下降的国家；N表示与2014年相比新加入的国家。

（二）分项指标分析

（1）经济基础

经济基础方面，与2014年相同，我们主要关注10个指标。

通过分析具体指标，我们发现，发达国家经济基础发展普遍好于新兴经济体，占据排名前10位的均为发达经济体。

与2014年相比，在剔除新加入21国外的36国中，除美国、荷兰和印度3国相对排名没有变动，其他国家经济基础的相对排名均有不同程度的上升或下降。其中，英国、德国等19国经济基础的相对排名有所上升，澳大利亚、加拿大等14国的相对排名比之前有所下降。

排名	国家	排名变化	排名	国家	排名变化	排名	国家	排名变化
1	美国	—	20	埃塞俄比亚	N	39	蒙古	↑
2	英国	↑	21	印度	—	40	埃及	N
3	德国	↑	22	肯尼亚	N	41	塔吉克斯坦	N
4	澳大利亚	↓	23	斯里兰卡	N	42	巴西	↓
5	日本	↑	24	希腊	N	43	越南	↑
6	加拿大	↓	25	土耳其	↑	44	安哥拉	↑
7	法国	↑	26	保加利亚	N	45	老挝	↑
8	以色列	N	27	孟加拉国	N	46	柬埔寨	↑
9	荷兰	—	28	缅甸	↑	47	伊朗	↑
10	意大利	↑	29	匈牙利	N	48	马来西亚	↓
11	韩国	↑	30	波兰	N	49	南非	↓
12	新西兰	↓	31	俄罗斯	↓	50	阿根廷	↓
13	新加坡	↓	32	菲律宾	↓	51	赞比亚	↑
14	阿联酋	N	33	哈萨克斯坦	↓	52	伊拉克	N
15	罗马尼亚	N	34	尼日利亚	↑	53	苏丹	↓
16	沙特阿拉伯	N	35	乌兹别克斯坦	N	54	土库曼斯坦	N
17	墨西哥	↑	36	巴基斯坦	↑	55	乌克兰	N
18	印度尼西亚	↑	37	白俄罗斯	N	56	吉尔吉斯斯坦	N
19	捷克	N	38	泰国	↓	57	委内瑞拉	↓

注：—表示与2014年相比，剔除新加入21国外的36国中相对排名没有变化的国家；↑表示与2014年相比，剔除新加入21国外的36国中相对排名上升的国家；↓表示与2014年相比，剔除新加入21国外的36国中相对排名下降的国家；N表示与2014年相比新加入的国家。

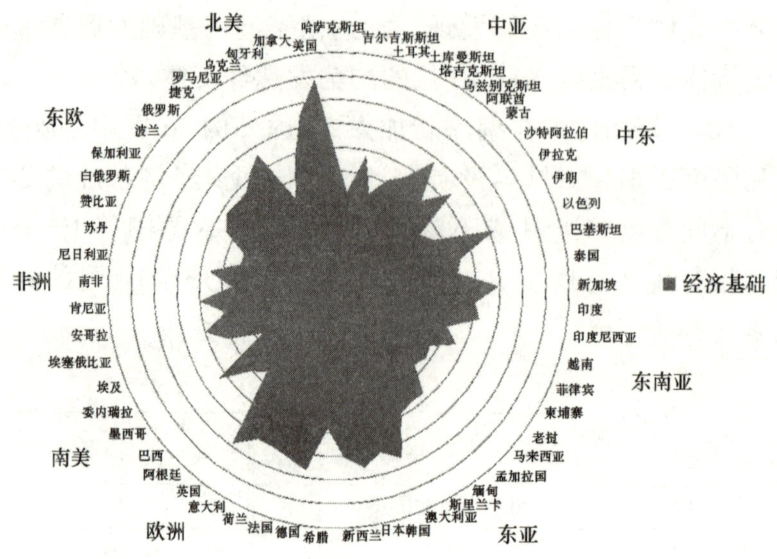

（2）政治风险

政治风险方面，与2014年相同，我们主要关注8个指标。通过分析具体指标，我们发现，与2014年相同，发达国家政治风险普遍低于新兴经济体，占据排名前10位的均为发达经济体。

与2014年相比，在剔除新加入21国外的36国中，除德国、新加坡等12国的相对排名没有变动，其他国家政治风险的相对排名均有不同程度的上升或下降。其中，英国、加拿大等10国的相对排名有所上升，新西兰、荷兰等14国的相对排名有所下降。

排名	国家	排名变化	排名	国家	排名变化	排名	国家	排名变化
1	英国	↑	20	墨西哥	—	39	印度尼西亚	↑
2	德国	—	21	保加利亚	N	40	土耳其	↓
3	加拿大	↑	22	马来西亚	↓	41	伊朗	↑
4	新西兰	↓	23	罗马尼亚	N	42	柬埔寨	↓
5	荷兰	↓	24	蒙古	—	43	老挝	↑
6	澳大利亚	↓	25	赞比亚	↓	44	白俄罗斯	N
7	法国	↑	26	巴西	↓	45	乌兹别克斯坦	N

续表

排名	国家	排名变化	排名	国家	排名变化	排名	国家	排名变化
8	美国	↓	27	菲律宾	—	46	埃塞俄比亚	N
9	新加坡	—	28	哈萨克斯坦	—	47	俄罗斯	↓
10	日本	—	29	沙特阿拉伯	N	48	土库曼斯坦	N
11	捷克	N	30	肯尼亚	N	49	安哥拉	↓
12	韩国	↑	31	印度	—	50	吉尔吉斯斯坦	N
13	波兰	N	32	泰国	↑	51	巴基斯坦	↓
14	意大利	↓	33	乌克兰	N	52	尼日利亚	↑
15	南非	↑	34	孟加拉国	N	53	埃及	N
16	阿联酋	N	35	斯里兰卡	N	54	缅甸	↓
17	以色列	N	36	阿根廷	—	55	委内瑞拉	—
18	匈牙利	N	37	越南	—	56	苏丹	—
19	希腊	N	38	塔吉克斯坦	N	57	伊拉克	N

注：—表示与2014年相比，剔除新加入21国外的36国中相对排名没有变化的国家；↑表示与2014年相比，剔除新加入21国外的36国中相对排名上升的国家；↓表示与2014年相比，剔除新加入21国外的36国中相对排名下降的国家；N表示与2014年相比新加入的国家。

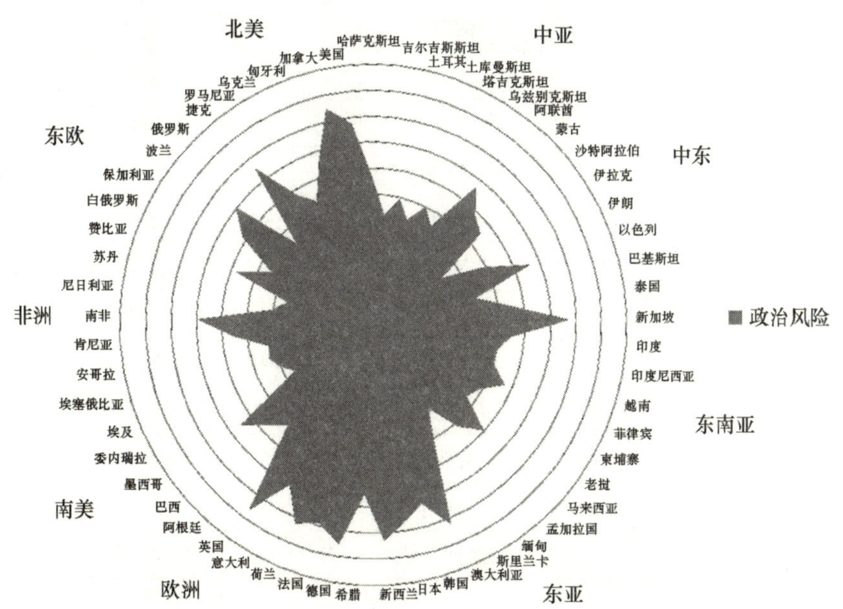

（3）社会弹性

社会弹性方面，与2014年相同，我们主要关注8个指标。通过分析具体指标，我们发现，与2014年相同，发达国家社会弹性发展状况普遍好于新兴经济体，16个发达经济体有8个占据排名中的前10位，新兴经济体仅阿联酋和沙特阿拉伯进入排名前10位。

与2014年相比，在剔除新加入21国外的36国中，除英国、加拿大等7国的相对排名没有变动，其他国家社会弹性的相对排名均有不同程度的上升或下降。其中，新加坡、日本等16国社会弹性的相对排名有所上升，新西兰、美国等13国社会弹性的相对排名有所下降。

排名	国家	排名变化	排名	国家	排名变化	排名	国家	排名变化
1	新加坡	↑	20	罗马尼亚	N	39	南非	↓
2	新西兰	↓	21	斯里兰卡	N	40	菲律宾	↓
3	阿联酋	N	22	土耳其	↑	41	老挝	—
4	英国	—	23	俄罗斯	↑	42	尼日利亚	↑
5	加拿大	—	24	法国	↓	43	伊朗	↑
6	荷兰	—	25	哈萨克斯坦	—	44	埃塞俄比亚	N
7	德国	—	26	吉尔吉斯斯坦	N	45	越南	↓
8	捷克	N	27	希腊	N	46	孟加拉国	N
9	沙特阿拉伯	N	28	肯尼亚	N	47	土库曼斯坦	N
10	日本	↑	29	印度	↑	48	巴西	↓
11	美国	↓	30	乌克兰	N	49	巴基斯坦	↑
12	韩国	↑	31	印度尼西亚	↑	50	伊拉克	N
13	匈牙利	N	32	阿根廷	↑	51	乌兹别克斯坦	N
14	马来西亚	↑	33	泰国	↓	52	安哥拉	↑
15	澳大利亚	↓	34	白俄罗斯	N	53	塔吉克斯坦	N

续表

排名	国家	排名变化	排名	国家	排名变化	排名	国家	排名变化
16	保加利亚	N	35	蒙古	↑	54	缅甸	↑
17	波兰	N	36	墨西哥	↓	55	赞比亚	↓
18	意大利	↓	37	柬埔寨	↑	56	苏丹	↓
19	以色列	N	38	埃及	N	57	委内瑞拉	—

注：—表示与2014年相比，剔除新加入21国外的36国中相对排名没有变化的国家；↑表示与2014年相比，剔除新加入21国外的36国中相对排名上升的国家；↓表示与2014年相比，剔除新加入21国外的36国中相对排名下降的国家；N表示与2014年相比新加入的国家。

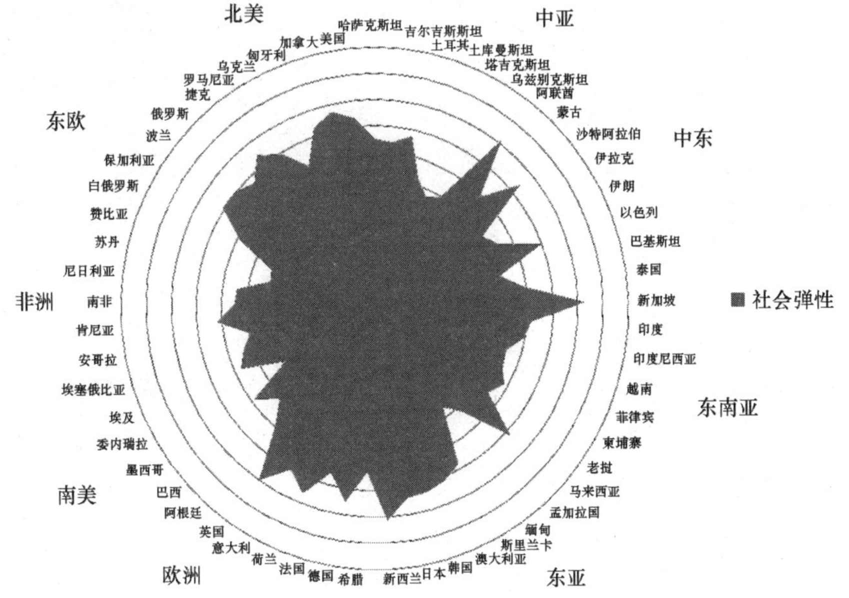

（4）偿债能力

偿债能力方面，与2014年相同，我们主要关注8个指标。通过分析具体指标，我们发现，与2014年不同的是，发达经济体偿债能力明显强于新兴经济体，进入排名前10位的全部为发达经济体。

与2014年相比，在剔除新加入21国外的36国中，除德国、墨西哥和哈萨克斯坦3国的相对排名没有变动外，其他国家偿债能力的相对排名均有不同程度的上升或下降。其中，美国、韩国等17国偿债能力的相对排名有所上升，新西兰、加拿大等16国偿债能力的相对排名有所下降。

排名	国家	排名变化	排名	国家	排名变化	排名	国家	排名变化
1	德国	—	20	伊拉克	N	39	白俄罗斯	N
2	美国	↑	21	缅甸	↑	40	阿根廷	↑
3	韩国	↑	22	尼日利亚	↓	41	马来西亚	↓
4	澳大利亚	↑	23	孟加拉国	N	42	保加利亚	N
5	新西兰	↓	24	日本	↑	43	印度	↓
6	捷克	N	25	意大利	↑	44	埃塞俄比亚	N
7	加拿大	↓	26	俄罗斯	↓	45	老挝	↑
8	以色列	N	27	新加坡	↑	46	巴基斯坦	↑
9	法国	↑	28	赞比亚	↑	47	南非	↓
10	英国	↑	29	印度尼西亚	↓	48	希腊	N
11	沙特阿拉伯	N	30	波兰	N	49	肯尼亚	N
12	匈牙利	N	31	柬埔寨	↑	50	斯里兰卡	N
13	土库曼斯坦	N	32	越南	↓	51	塔吉克斯坦	N
14	阿联酋	N	33	土耳其	↑	52	吉尔吉斯斯坦	N
15	乌兹别克斯坦	N	34	泰国	↓	53	委内瑞拉	↓
16	荷兰	↑	35	墨西哥	—	54	埃及	N
17	安哥拉	↓	36	巴西	↓	55	苏丹	↓
18	伊朗	↓	37	罗马尼亚	N	56	蒙古	↓
19	菲律宾	↑	38	哈萨克斯坦	—	57	乌克兰	N

注：—表示与2014年相比，剔除新加入21国外的36国中相对排名没有变化的国家；↑表示与2014年相比，剔除新加入21国外的36国中相对排名上升的国家；↓表示与2014年相比，剔除新加入21国外的36国中相对排名下降的国家；N表示与2014年相比新加入的国家。

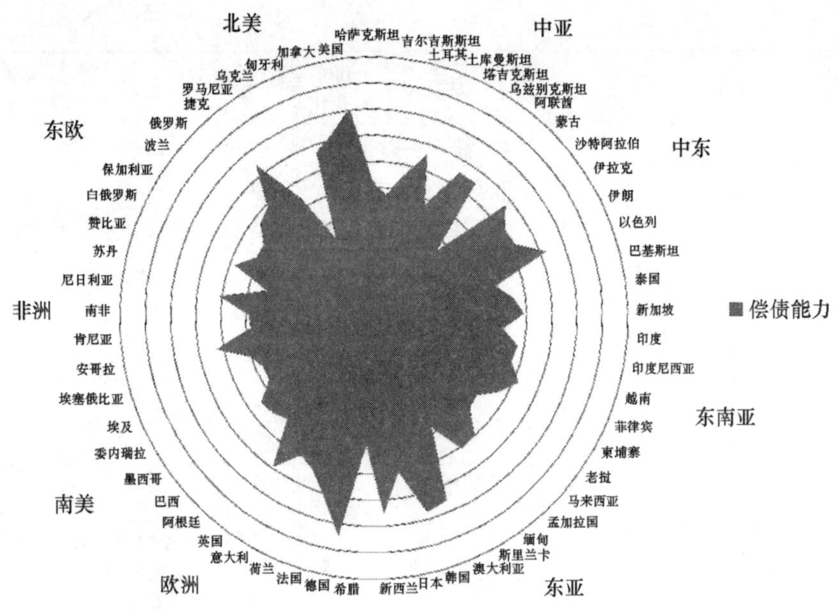

（5）对华关系

对华关系方面，与2014年相同，我们主要关注6个指标。通过分析具体指标，我们发现，与2014年不同的是，排名前10国家除了新兴经济体外，出现了韩国、澳大利亚和新加坡三个发达经济体。

与2014年相比，在剔除新加入21国外的36国中，除了哈萨克斯坦和尼日利亚对华关系的相对排名没有变动外，其他国家对华关系的相对排名均有不同程度的上升或下降。其中，巴基斯坦等18国对华关系的相对排名有所上升，老挝、柬埔寨等16国对华关系的相对排名有所下降。

排名	国家	排名变化	排名	国家	排名变化	排名	国家	排名变化
1	巴基斯坦	↑	20	埃塞俄比亚	N	39	委内瑞拉	↓
2	韩国	↑	21	印度尼西亚	↓	40	吉尔吉斯斯坦	N
3	老挝	↓	22	美国	↑	41	埃及	N
4	塔吉克斯坦	N	23	新西兰	↑	42	希腊	N
5	澳大利亚	↑	24	越南	↓	43	赞比亚	↓
6	新加坡	↑	25	日本	↑	44	土耳其	↓

续表

排名	国家	排名变化	排名	国家	排名变化	排名	国家	排名变化
7	哈萨克斯坦	—	26	法国	↑	45	巴西	↑
8	柬埔寨	↓	27	匈牙利	N	46	阿根廷	↓
9	苏丹	↑	28	斯里兰卡	N	47	罗马尼亚	N
10	蒙古	↑	29	荷兰	↑	48	沙特阿拉伯	N
11	缅甸	↓	30	泰国	↓	49	波兰	N
12	伊朗	↓	31	以色列	N	50	保加利亚	N
13	土库曼斯坦	N	32	加拿大	↑	51	乌克兰	N
14	英国	↑	33	意大利	↑	52	肯尼亚	N
15	南非	↑	34	菲律宾	↓	53	印度	↓
16	德国	↑	35	尼日利亚	—	54	墨西哥	↓
17	俄罗斯	↑	36	白俄罗斯	N	55	孟加拉国	N
18	乌兹别克斯坦	N	37	阿联酋	N	56	捷克	N
19	马来西亚	↓	38	安哥拉	↓	57	伊拉克	N

注：—表示与2014年相比，剔除新加入21国外的36国中相对排名没有变化的国家；↑表示与2014年相比，剔除新加入21国外的36国中相对排名上升的国家；↓表示与2014年相比，剔除新加入21国外的36国中相对排名下降的国家；N表示与2014年相比新加入的国家。

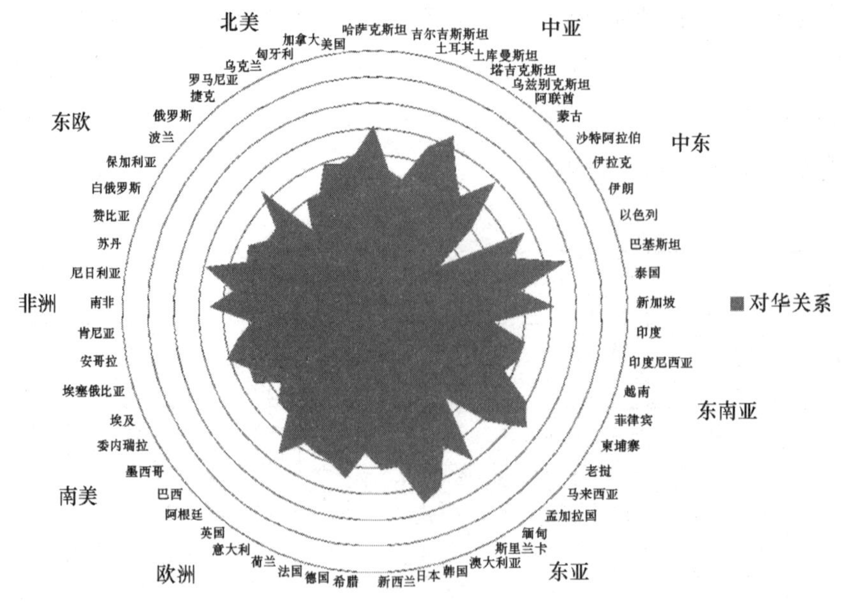

2016年中国海外投资国家风险评级报告*

——"一带一路"国家风险评级子报告

2014年5月，习近平主席在亚信峰会上正式提出"一带一路"倡议，作为中国首倡、高层推动的国家倡议，其重要意义不言而喻。初步估算，"一带一路"沿线总人口约44亿，经济总量约21万亿美元，分别约占全球的63%和29%，经济发展潜力巨大。未来，中国对外投资将继续保持强劲态势，其中对"一带一路"国家的投资将是一个新的增长点。但同时，由于"一带一路"国家多为发展中国家，社会弹性较低、政治风险较高，投资具有较大不确定性。因此，做好风险预警，对风险进行正确识别和有效应对，是中资企业提高海外投资成功率的前提。

本报告的评级方法与主报告一致，包括经济基础、偿债能力、政治风险、社会弹性和对华关系五大指标。首先，对五大指标之下的细项指标的得分进行标准化，分别加权得到每个指标的得分，分值区间为0—1，分数越高表示风险越低；其次，对五个指标的得分进行加权平均，权重均为0.2；再次，将所得分数转化为相应的级别，包括AAA、AA、A、BBB、BB、B、CCC、CC、C共9级分类，其中AAA、AA为低风险级别，A、BBB为中等风险级别，BB及以下为高风险级别。

---

* 中国社会科学院世界经济与政治研究所国家风险评级课题组

本评级报告共考察35个国家，占到“一带一路”沿线64个国家的一半以上。这些国家是：阿联酋、埃及、巴基斯坦、白俄罗斯、保加利亚、波兰、俄罗斯、菲律宾、哈萨克斯坦、吉尔吉斯斯坦、柬埔寨、捷克、老挝、罗马尼亚、马来西亚、蒙古、孟加拉国、缅甸、沙特阿拉伯、斯里兰卡、塔吉克斯坦、泰国、土耳其、土库曼斯坦、乌克兰、乌兹别克斯坦、希腊、新加坡、匈牙利、伊拉克、伊朗、以色列、印度、印度尼西亚和越南。

作为首次发布的“一带一路”国家风险评级报告，我们选用了上述35个国家作为本次评级样本，主要是基于投资规模、国家重要性和数据可得性三个标准。截至2014年底，中国对上述35个国家的海外投资规模占到所有“一带一路”国家的97.41%。未来，“一带一路”国家风险评级报告将同主报告一致，每年发布一次，同时将根据实际对外投资发展态势，有序增加评级国家样本。

2015年，本评级报告对35个“一带一路”国家进行了评级，包括新加坡、以色列、捷克、匈牙利和希腊5个发达经济体，以及阿联酋、沙特阿拉伯等30个新兴经济体。从区域分布来看，涉及非洲国家1个、欧洲国家10个、亚太国家24个。具体评级样本及中国对35国的投资存量数据参见表1。

表1 **“一带一路”国家风险评级样本**

排名	国家	所在洲	截至2014年投资存量（亿美元）
1	新加坡	亚太	206.39
2	俄罗斯	欧	86.95
3	哈萨克斯坦	亚太	75.41
4	印度尼西亚	亚太	67.93
5	老挝	亚太	44.91
6	缅甸	亚太	39.26
7	蒙古	亚太	37.62

续表

排名	国家	所在洲	截至 2014 年投资存量（亿美元）
8	巴基斯坦	亚太	37.37
9	伊朗	亚太	34.84
10	印度	亚太	34.07
11	柬埔寨	亚太	32.22
12	泰国	亚太	30.79
13	越南	亚太	28.66
14	阿联酋	亚太	23.33
15	沙特阿拉伯	亚太	19.87
16	马来西亚	亚太	17.86
17	吉尔吉斯斯坦	亚太	9.84
18	土耳其	欧	8.82
19	菲律宾	亚太	7.59
20	塔吉克斯坦	亚太	7.29
21	埃及	非	6.57
22	匈牙利	欧	5.56
23	土库曼斯坦	亚太	4.48
24	乌兹别克斯坦	亚太	3.92
25	伊拉克	亚太	3.76
26	斯里兰卡	亚太	3.64
27	波兰	欧	3.29
28	白俄罗斯	欧	2.58
29	捷克	欧	2.43
30	罗马尼亚	欧	1.91
31	保加利亚	欧	1.7
32	孟加拉	亚太	1.6
33	希腊	欧	1.21
34	以色列	亚太	0.87
35	乌克兰	欧	0.63

从总的评级结果来看（参见表2），低风险级别（AAA－AA）仅有新加坡一个国家；中等风险级别（A－BBB）包括28个国家，占35个国家的绝大多数；高风险级别（BB－C）包括6个国家。

表2 “一带一路”国家评级结果

排名	国家	所在洲	是否发达国家	评级结果
1	新加坡	亚太	1	AA
2	以色列	亚太	1	A
3	阿联酋	亚太	0	A
4	捷克	欧	1	A
5	匈牙利	欧	1	A
6	沙特阿拉伯	亚太	0	A
7	波兰	欧	0	A
8	哈萨克斯坦	亚太	0	A
9	罗马尼亚	欧	0	BBB
10	保加利亚	欧	0	BBB
11	马来西亚	亚太	0	BBB
12	印度尼西亚	亚太	0	BBB
13	俄罗斯	欧	0	BBB
14	希腊	欧	1	BBB
15	菲律宾	亚太	0	BBB
16	斯里兰卡	亚太	0	BBB
17	土耳其	欧	0	BBB
18	柬埔寨	亚太	0	BBB
19	泰国	亚太	0	BBB
20	伊朗	亚太	0	BBB
21	乌兹别克斯坦	亚太	0	BBB
22	巴基斯坦	亚太	0	BBB
23	印度	亚太	0	BBB

续表

排名	国家	所在洲	是否发达国家	评级结果
24	老挝	亚太	0	BBB
25	蒙古	亚太	0	BBB
26	缅甸	亚太	0	BBB
27	越南	亚太	0	BBB
28	土库曼斯坦	亚太	0	BBB
29	塔吉克斯坦	亚太	0	BBB
30	孟加拉国	亚太	0	BB
31	白俄罗斯	欧	0	BB
32	埃及	非	0	BB
33	吉尔吉斯斯坦	亚太	0	BB
34	乌克兰	欧	0	BB
35	伊拉克	亚太	0	B

总体来看，“一带一路”国家中多为新兴经济体，仅有个别发达经济体，而发达经济体评级结果普遍好于新兴经济体，投资风险较低。希腊虽然作为发达经济体，但受债务危机影响，级别评定较低。新加坡、以色列、捷克、匈牙利和希腊作为“一带一路”沿线上为数不多的发达经济体，对“一带一路”战略持有浓厚兴趣，尤其是新加坡、以色列和匈牙利已成为亚投行的创始成员国，虽然亚投行业务涉及的区域范围与“一带一路”不完全等同，但可以肯定的是，亚投行的大部分资金必然会流向“一带一路”沿线的亚洲国家。因此，对亚投行的支持也可以看作某种程度上对“一带一路”战略的支持。需要注意的是，希腊作为“一带一路”的重要节点，其能否稳妥解决国内债务问题，将对“一带一路”战略的实施可能产生影响。

新兴经济体作为“一带一路”的主体，经济基础薄弱，经济结构单一，尤其是基础设施供给严重不足，急需外部资金的进入以拉动区域经济的发展，而这也是“一带一路”战略实施的基础。但是由于其内部缺乏社会弹性，同时偿债能力差，政治风险高，尤其是中东国家常年战乱不止，都为“一带一路”战略的实施增添了不确定性。特别需要提及的是，“一带一路”沿线国家对华政治关系分化较大，既有与中国特别交好的巴基斯坦、老挝等国家，也有对中国有所警惕和不信任的国家，如印度等。未来，“一带一路”战略的实施能否在惠及沿线国家经济利益的同时，取得对方国家的理解，将关系着“一带一路”战略的成败与否。

目前，国内社会各界对于“一带一路”战略实施效果最大的顾虑是“一带一路”沿线国家的投资风险，其中政治风险是最大的潜在风险。从我们的评级结果来看，低风险评级国家仅有新加坡一家，高风险评级国家有 6 家，其余的 28 个国家为中等风险国家。未来，中国对“一带一路”沿线国家的投资可因势利导、因地制宜，根据国家风险水平的不同适当调整投资决策。例如，推进“一带一路”国家之间的互联互通，通过基础设施建设、贸易便利化、投资便利化，以促进区域经济一体化。此外，还可促进“一带一路”沿线国家产业合作与发展。例如，能源的合作与发展、农业的合作与发展、工业的合作与发展、旅游业的合作与发展，以及电子商务的发展。

从分项指标来看（参见表3），除了对华关系外，其他四项指标中排名第一的均为发达经济体。为更准确评价“一带一路”国家在各方面的表现，我们需要将其还原到整体样本中去。

表 3　　**“一路一带”国家分指标排名**

排名	经济基础	政治风险	社会弹性	偿债能力	对华关系
1	以色列	新加坡	新加坡	捷克	巴基斯坦
2	新加坡	捷克	阿联酋	以色列	老挝
3	阿联酋	波兰	捷克	沙特阿拉伯	塔吉克斯坦
4	罗马尼亚	阿联酋	沙特阿拉伯	匈牙利	新加坡
5	沙特阿拉伯	以色列	匈牙利	土库曼斯坦	哈萨克斯坦

续表

排名	经济基础	政治风险	社会弹性	偿债能力	对华关系
6	印度尼西亚	匈牙利	马来西亚	阿联酋	柬埔寨
7	捷克	希腊	保加利亚	乌兹别克斯坦	蒙古
8	印度	保加利亚	波兰	伊朗	缅甸
9	斯里兰卡	马来西亚	以色列	菲律宾	伊朗
10	希腊	罗马尼亚	罗马尼亚	伊拉克	土库曼斯坦
11	土耳其	蒙古	斯里兰卡	缅甸	俄罗斯
12	保加利亚	菲律宾	土耳其	孟加拉国	乌兹别克斯坦
13	孟加拉国	哈萨克斯坦	俄罗斯	俄罗斯	马来西亚
14	缅甸	沙特阿拉伯	哈萨克斯坦	新加坡	印度尼西亚
15	匈牙利	印度	吉尔吉斯斯坦	印度尼西亚	越南
16	波兰	泰国	希腊	波兰	匈牙利
17	俄罗斯	乌克兰	印度	柬埔寨	斯里兰卡
18	菲律宾	孟加拉国	乌克兰	越南	泰国
19	哈萨克斯坦	斯里兰卡	印度尼西亚	土耳其	以色列
20	乌兹别克斯坦	越南	泰国	泰国	菲律宾
21	巴基斯坦	塔吉克斯坦	白俄罗斯	罗马尼亚	白俄罗斯
22	白俄罗斯	印度尼西亚	蒙古	哈萨克斯坦	阿联酋
23	泰国	土耳其	柬埔寨	白俄罗斯	吉尔吉斯斯坦
24	蒙古	伊朗	埃及	马来西亚	埃及
25	埃及	柬埔寨	菲律宾	保加利亚	希腊
26	塔吉克斯坦	老挝	老挝	印度	土耳其
27	越南	白俄罗斯	伊朗	老挝	罗马尼亚
28	老挝	乌兹别克斯坦	越南	巴基斯坦	沙特阿拉伯
29	柬埔寨	俄罗斯	孟加拉国	希腊	波兰
30	伊朗	土库曼斯坦	土库曼斯坦	斯里兰卡	保加利亚
31	马来西亚	吉尔吉斯斯坦	巴基斯坦	塔吉克斯坦	乌克兰
32	伊拉克	巴基斯坦	伊拉克	吉尔吉斯斯坦	印度
33	土库曼斯坦	埃及	乌兹别克斯坦	埃及	孟加拉国
34	乌克兰	缅甸	塔吉克斯坦	蒙古	捷克
35	吉尔吉斯斯坦	伊拉克	缅甸	乌克兰	伊拉克

具体来说，在经济基础方面，“一带一路”国家在整体 57 个国家排名中处于中等偏低位置，即使在“一带一路”国家中排名第一、二的以色列和新加坡在整体 57 个国家中也仅排名第 8 和第 13 位；在政治风险方面，“一带一路”国家在整体 57 个国家排名中也处于中等偏低位置，即使在“一带一路”国家中排名第一、二的新加坡和捷克在整体 57 个国家中也仅排名第 9 和第 11 位；在社会弹性方面，“一带一路”国家在整体 57 个国家排名中较为分散，在“一带一路”国家中排名前 4 位的国家在整体 57 个国家中均进入了前 10 位，其中新加坡的社会弹性在 57 个国家中排名第一；在偿债能力方面，“一带一路”国家在整体 57 个国家排名中也较为分散，在“一带一路”国家中排名前 2 位的国家在整体 57 个国家中进入了前 10 位；在对华关系方面，“一带一路”国家在整体 57 个国家排名中较为靠前，其中对华关系排名前 10 的国家中有 7 个为“一带一路”国家，巴基斯坦排名第一。

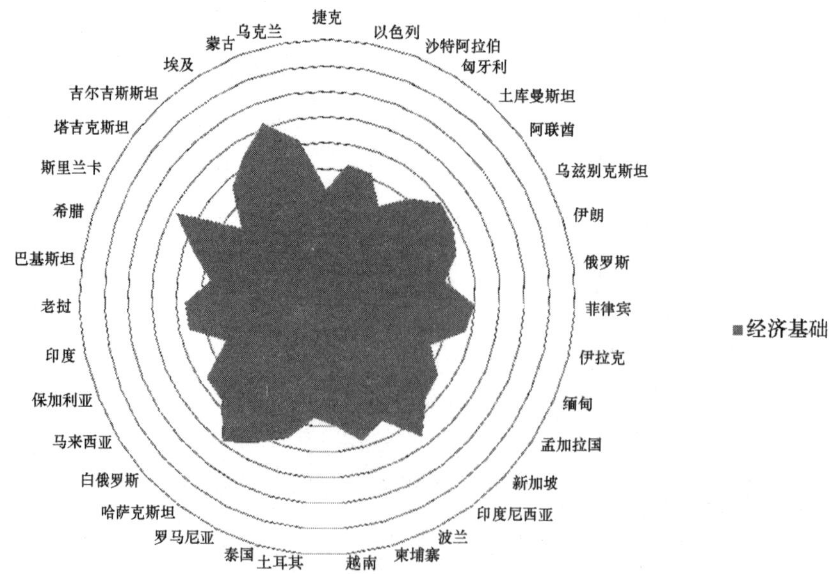

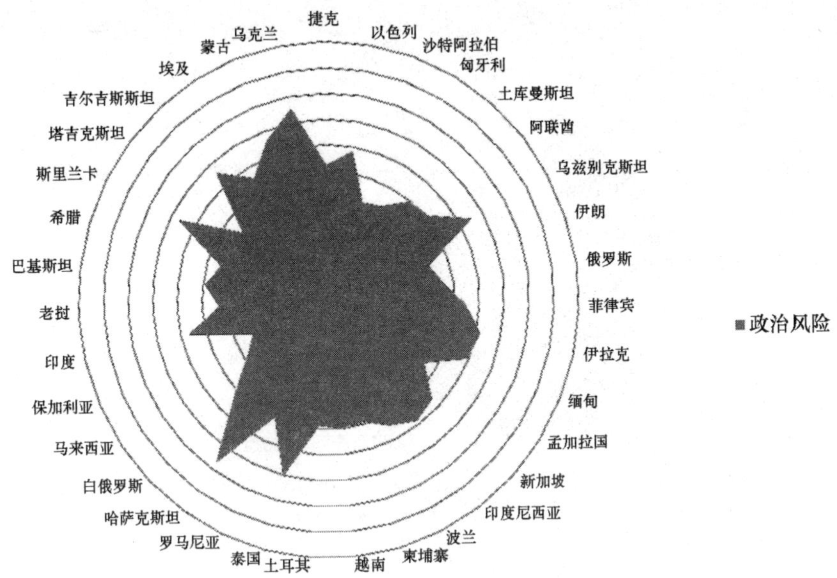
捷克
以色列
沙特阿拉伯
匈牙利
土库曼斯坦
阿联酋
乌兹别克斯坦
伊朗
俄罗斯
菲律宾
伊拉克
缅甸
孟加拉国
新加坡
印度尼西亚
波兰
柬埔寨
越南
土耳其
泰国
罗马尼亚
哈萨克斯坦
白俄罗斯
马来西亚
保加利亚
印度
老挝
巴基斯坦
希腊
斯里兰卡
塔吉克斯坦
吉尔吉斯斯坦
埃及
蒙古
乌克兰
■政治风险

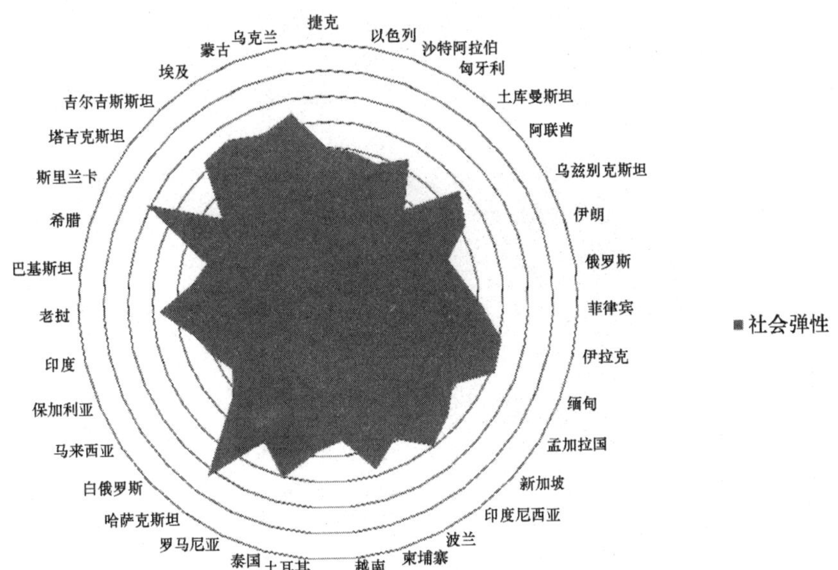
捷克
以色列
沙特阿拉伯
匈牙利
土库曼斯坦
阿联酋
乌兹别克斯坦
伊朗
俄罗斯
菲律宾
伊拉克
缅甸
孟加拉国
新加坡
印度尼西亚
波兰
柬埔寨
越南
土耳其
泰国
罗马尼亚
哈萨克斯坦
白俄罗斯
马来西亚
保加利亚
印度
老挝
巴基斯坦
希腊
斯里兰卡
塔吉克斯坦
吉尔吉斯斯坦
埃及
蒙古
乌克兰
■社会弹性

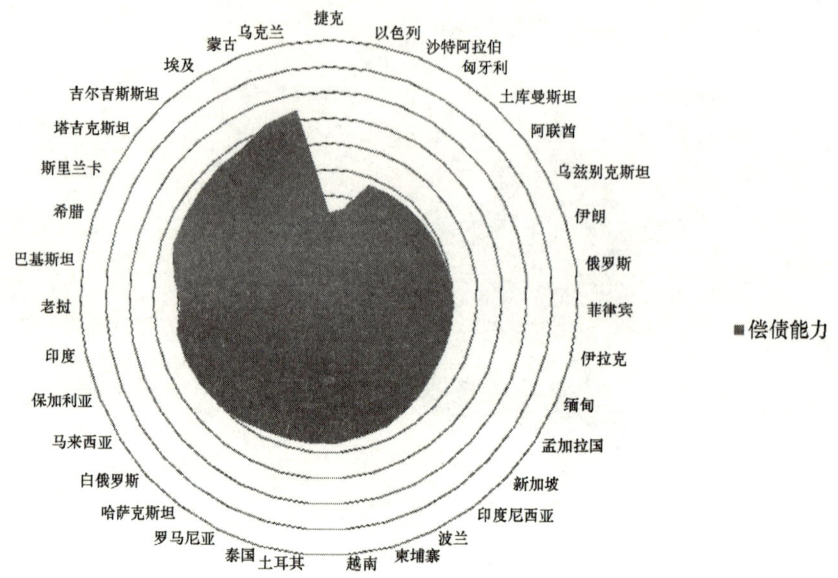
捷克
以色列
沙特阿拉伯
匈牙利
土库曼斯坦
阿联酋
乌兹别克斯坦
伊朗
俄罗斯
菲律宾
伊拉克
缅甸
孟加拉国
新加坡
印度尼西亚
波兰
柬埔寨
越南
土耳其
泰国
罗马尼亚
哈萨克斯坦
白俄罗斯
马来西亚
保加利亚
印度
老挝
巴基斯坦
希腊
斯里兰卡
塔吉克斯坦
吉尔吉斯斯坦
埃及
蒙古
乌克兰
■偿债能力

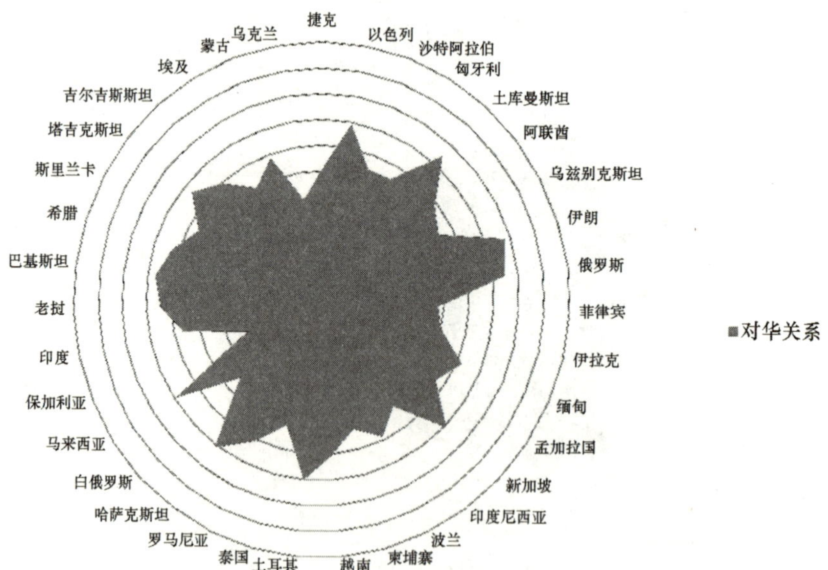
捷克
以色列
沙特阿拉伯
匈牙利
土库曼斯坦
阿联酋
乌兹别克斯坦
伊朗
俄罗斯
菲律宾
伊拉克
缅甸
孟加拉国
新加坡
印度尼西亚
波兰
柬埔寨
越南
土耳其
泰国
罗马尼亚
哈萨克斯坦
白俄罗斯
马来西亚
保加利亚
印度
老挝
巴基斯坦
希腊
斯里兰卡
塔吉克斯坦
吉尔吉斯斯坦
埃及
蒙古
乌克兰
■对华关系

CROIC－IWEP 国家风险评级原始指标

表 1　　　　GDP **总量**　　　　单位：百亿美元

国家/年份	2007	2008	2009	2010	2011	2012	2013	2014
阿根廷	32. 98	40. 60	37. 85	46. 28	55. 98	60. 77	62. 21	54. 02
阿联酋	25. 79	31. 55	25. 35	28. 60	34. 75	37. 23	40. 23	40. 16
埃及	13. 05	16. 28	18. 90	21. 89	23. 60	26. 28	27. 20	28. 65
埃塞俄比亚	1. 97	2. 71	3. 24	2. 99	3. 20	4. 33	4. 75	5. 48
安哥拉	6. 04	8. 42	7. 55	8. 25	10. 41	11. 53	12. 42	13. 14
澳大利亚	85. 34	105. 50	92. 63	114. 13	138. 81	153. 44	156. 04	145. 38
巴基斯坦	15. 24	17. 01	16. 82	17. 74	21. 38	22. 46	23. 23	24. 69
巴西	139. 60	169. 46	166. 46	220. 94	261. 52	241. 32	239. 21	234. 61
白俄罗斯	4. 53	6. 08	4. 92	5. 52	5. 97	6. 36	7. 31	7. 61
保加利亚	4. 36	5. 33	5. 02	4. 87	5. 58	5. 26	5. 45	5. 57
波兰	42. 88	53. 02	43. 65	47. 67	52. 44	49. 62	52. 61	54. 80
德国	343. 57	374. 69	341. 30	341. 22	375. 19	353. 32	373. 03	385. 26
俄罗斯	129. 97	166. 08	122. 26	152. 49	190. 48	201. 61	207. 90	186. 06
法国	266. 31	292. 35	269. 38	264. 70	286. 25	268. 14	281. 02	282. 92
菲律宾	14. 94	17. 42	16. 83	19. 96	22. 41	25. 02	27. 21	28. 46
哈萨克斯坦	10. 48	13. 34	11. 53	14. 80	18. 80	20. 35	23. 19	21. 22
韩国	112. 27	100. 22	90. 19	109. 45	120. 25	122. 28	130. 56	141. 04
荷兰	83. 32	93. 13	85. 81	83. 64	89. 37	82. 31	85. 35	86. 95
吉尔吉斯斯坦	0. 38	0. 51	0. 47	0. 48	0. 62	0. 66	0. 73	0. 74

续表

国家/年份	2007	2008	2009	2010	2011	2012	2013	2014
加拿大	145.79	154.26	137.08	161.40	178.88	183.27	183.90	178.67
柬埔寨	0.86	1.04	1.04	1.12	1.28	1.41	1.52	1.67
捷克	18.88	23.52	20.57	20.70	22.73	20.68	20.88	20.55
肯尼亚	3.20	3.59	3.70	4.00	4.20	5.04	5.49	6.09
老挝	0.42	0.54	0.58	0.72	0.83	0.94	1.12	1.18
罗马尼亚	17.06	20.43	16.43	16.48	18.26	16.94	18.96	19.90
马来西亚	19.35	23.08	20.23	24.75	28.93	30.50	31.32	32.69
美国	1447.76	1471.86	1441.87	1496.44	1551.79	1616.32	1676.81	1741.90
蒙古	0.42	0.56	0.46	0.72	1.04	1.23	1.25	1.20
孟加拉国	7.96	9.16	10.25	11.53	12.86	13.34	15.00	17.38
缅甸	N/A	N/A	N/A	N/A	N/A	7.47	5.87	6.43
墨西哥	104.35	110.13	89.49	105.11	117.12	118.67	126.22	128.27
南非	29.94	28.68	29.59	37.53	41.66	39.74	36.61	34.98
尼日利亚	16.65	20.81	16.95	36.91	41.17	46.10	51.50	56.85
日本	435.63	484.92	503.51	549.54	590.56	595.45	491.96	460.15
沙特阿拉伯	41.60	51.98	42.91	52.68	66.95	73.40	74.43	74.62
斯里兰卡	3.24	4.07	4.21	4.96	5.92	5.94	6.72	7.49
苏丹	4.59	5.45	5.31	6.56	6.73	6.27	6.65	7.38
塔吉克斯坦	0.37	0.52	0.50	0.56	0.65	0.76	0.85	0.92
泰国	24.70	27.26	26.37	31.89	34.57	36.60	38.73	37.38
土耳其	64.72	73.03	61.46	73.12	77.48	78.89	82.32	79.95
土库曼斯坦	1.27	1.93	2.02	2.21	2.92	3.52	4.10	4.79
委内瑞拉	23.04	31.56	32.94	39.38	31.65	38.13	37.13	51.00
乌克兰	14.27	18.00	11.72	13.64	16.32	17.58	18.33	13.18
乌兹别克斯坦	2.23	2.79	3.28	3.93	4.53	5.12	5.68	6.26
希腊	31.87	35.46	32.99	29.96	28.88	24.95	24.22	23.76
新加坡	18.00	19.22	19.24	23.64	27.54	28.99	30.22	30.79
新西兰	13.68	13.19	12.05	14.53	16.61	17.44	18.84	18.58

续表

国家/年份	2007	2008	2009	2010	2011	2012	2013	2014
匈牙利	13.86	15.66	12.94	12.96	13.94	12.68	13.34	13.71
伊拉克	8.88	13.16	11.17	13.85	18.57	21.80	23.25	22.05
伊朗	30.75	35.60	36.27	42.26	57.66	55.79	49.38	41.53
以色列	17.67	21.39	20.65	23.29	25.84	25.72	29.06	30.42
意大利	220.41	239.19	218.62	212.67	227.81	207.52	213.69	214.43
印度	123.87	122.41	136.54	170.85	183.58	183.18	186.18	206.69
印度尼西亚	43.22	51.02	53.96	75.51	89.30	91.79	91.05	88.85
英国	296.31	279.17	230.90	240.79	259.20	261.49	267.82	294.19
越南	7.74	9.91	10.60	11.59	13.55	15.58	17.12	18.62
赞比亚	1.41	1.79	1.53	2.03	2.37	2.49	2.68	2.71

数据来源：WDI，CEIC。

表 2　**人均 GDP**　单位：千美元

国家/年份	2007	2008	2009	2010	2011	2012	2013	2014
阿根廷	8.25	10.05	9.28	11.23	13.44	14.44	14.62	12.57
阿联酋	42.91	45.72	32.91	34.34	39.78	41.59	44.51	44.20
埃及	1.68	2.06	2.35	2.67	2.82	3.07	3.10	3.20
埃塞俄比亚	0.24	0.33	0.38	0.34	0.36	0.47	0.50	0.57
安哥拉	3.15	4.24	3.68	3.89	4.74	5.08	5.30	5.42
澳大利亚	40.98	49.65	42.70	51.80	62.13	67.51	67.47	61.89
巴基斯坦	0.95	1.04	1.01	1.04	1.23	1.27	1.28	1.33
巴西	7.24	8.70	8.46	11.12	13.04	11.92	11.71	11.38
白俄罗斯	4.74	6.38	5.18	5.82	6.31	6.72	7.72	8.04
保加利亚	5.78	7.12	6.74	6.58	7.59	7.20	7.50	7.71
波兰	11.25	13.91	11.44	12.53	13.78	13.04	13.83	14.42
德国	41.76	45.63	41.67	41.73	45.87	43.93	46.25	47.63
俄罗斯	9.10	11.64	8.56	10.67	13.32	14.08	14.49	12.74

续表

国家/年份	2007	2008	2009	2010	2011	2012	2013	2014
法国	41.60	45.41	41.63	40.71	43.81	40.85	42.63	42.73
菲律宾	1.68	1.93	1.84	2.15	2.37	2.61	2.79	2.87
哈萨克斯坦	6.77	8.51	7.17	9.07	11.36	12.12	13.61	12.28
韩国	23.10	20.47	18.34	22.15	24.16	24.45	26.00	27.97
荷兰	50.86	56.63	51.91	50.34	53.54	49.13	50.79	51.59
吉尔吉斯斯坦	0.72	0.97	0.87	0.88	1.12	1.18	1.28	1.27
加拿大	44.33	46.40	40.76	47.46	52.09	52.73	52.31	50.27
柬埔寨	0.63	0.74	0.74	0.78	0.88	0.95	1.01	1.09
捷克	18.33	22.65	19.70	19.76	21.66	19.67	19.86	19.55
肯尼亚	0.86	0.94	0.94	0.99	1.01	1.18	1.26	1.36
老挝	0.71	0.90	0.95	1.15	1.30	1.45	1.70	1.76
罗马尼亚	8.17	9.95	8.07	8.14	9.06	8.45	9.49	10.00
马来西亚	7.24	8.49	7.31	8.80	10.13	10.51	10.63	10.93
美国	48.06	48.40	47.00	48.37	49.78	51.46	52.98	54.63
蒙古	1.63	2.14	1.72	2.65	3.77	4.38	4.39	4.13
孟加拉国	0.54	0.62	0.68	0.76	0.84	0.86	0.95	1.09
缅甸	0.55	0.73	0.91	1.03	1.19	1.42	1.11	1.20
墨西哥	9.22	9.58	7.66	8.86	9.73	9.72	10.20	10.23
南非	6.15	5.81	5.91	7.39	8.08	7.59	6.89	6.48
尼日利亚	1.13	1.38	1.09	2.31	2.51	2.74	2.98	3.20
日本	34.03	37.87	39.32	42.91	46.20	46.68	38.63	36.19
沙特阿拉伯	15.95	19.44	15.66	18.75	23.26	24.88	24.65	24.16
斯里兰卡	1.61	2.01	2.06	2.40	2.84	2.92	3.28	3.63
苏丹	1.08	1.25	1.18	1.42	1.60	1.66	1.73	1.88
塔吉克斯坦	0.52	0.71	0.67	0.74	0.84	0.96	1.05	1.11
泰国	3.72	4.10	3.96	4.78	5.17	5.45	5.74	5.52
土耳其	9.31	10.38	8.62	10.11	10.58	10.65	10.98	10.53
土库曼斯坦	2.61	3.92	4.06	4.39	5.72	6.80	7.83	9.03

续表

国家/年份	2007	2008	2009	2010	2011	2012	2013	2014
委内瑞拉	8.33	11.22	11.53	13.58	10.75	12.77	12.27	16.61
乌克兰	3.07	3.89	2.55	2.97	3.57	3.86	4.03	3.08
乌兹别克斯坦	0.83	1.02	1.18	1.38	1.54	1.72	1.88	2.04
希腊	28.55	31.70	29.49	26.86	25.96	22.49	21.97	21.68
新加坡	39.22	39.72	38.58	46.57	53.12	54.58	55.98	56.29
新西兰	32.38	30.97	28.00	33.39	37.90	39.57	42.41	42.32
匈牙利	13.78	15.60	12.91	12.96	13.98	12.78	13.49	13.90
伊拉克	3.13	4.51	3.73	4.49	5.84	6.65	6.88	6.33
伊朗	4.29	4.91	4.94	5.69	7.67	7.33	6.40	5.32
以色列	24.61	29.27	27.58	30.55	33.28	32.51	36.05	37.03
意大利	37.72	40.66	37.00	35.88	38.36	34.85	35.48	34.96
印度	1.05	1.02	1.12	1.39	1.47	1.45	1.46	1.60
印度尼西亚	1.86	2.17	2.26	3.13	3.65	3.70	3.62	3.49
英国	48.32	45.17	37.08	38.36	40.97	41.05	41.78	45.60
越南	0.92	1.16	1.23	1.33	1.54	1.76	1.91	2.05
赞比亚	1.10	1.37	1.13	1.46	1.65	1.69	1.76	1.72

数据来源：WDI，CEIC。

表3　　GDP 增速　　单位:%

国家/年份	2007	2008	2009	2010	2011	2012	2013	2014
阿根廷	7.97	3.07	0.05	9.45	8.39	0.80	2.89	0.47
阿联酋	3.18	3.19	-5.24	1.64	4.89	4.68	5.20	3.61
埃及	7.09	7.15	4.69	5.14	1.82	2.19	2.11	2.20
埃塞俄比亚	11.46	10.79	8.80	12.55	11.18	8.65	10.49	9.94
安哥拉	22.59	13.82	2.41	3.41	3.92	5.16	6.80	3.90
澳大利亚	3.76	3.70	1.73	1.96	2.32	3.73	2.51	2.47
巴基斯坦	4.83	1.70	2.83	1.61	2.75	3.51	4.41	5.41

续表

国家/年份	2007	2008	2009	2010	2011	2012	2013	2014
巴西	6.01	5.02	-0.24	7.57	3.92	1.76	2.74	0.14
白俄罗斯	8.60	10.20	0.20	7.74	5.54	1.73	1.07	1.59
保加利亚	6.91	5.75	-5.01	0.66	1.98	0.49	1.07	1.71
波兰	7.16	3.87	2.62	3.71	4.77	1.82	1.71	3.37
德国	3.27	1.05	-5.64	4.09	3.59	0.38	0.11	1.60
俄罗斯	8.54	5.25	-7.82	4.50	4.26	3.41	1.34	0.64
法国	2.36	0.20	-2.94	1.97	2.08	0.18	0.66	0.18
菲律宾	6.62	4.15	1.15	7.63	3.66	6.80	7.18	6.10
哈萨克斯坦	8.90	3.30	1.20	7.30	7.50	5.00	6.00	4.30
韩国	5.46	2.83	0.71	6.50	3.68	2.29	2.90	3.31
荷兰	4.20	2.08	-3.30	1.07	1.66	-1.59	-0.73	0.87
吉尔吉斯斯坦	8.54	8.40	2.89	-0.47	5.96	-0.09	10.92	3.60
加拿大	2.01	1.18	-2.71	3.37	2.96	1.92	2.00	2.53
柬埔寨	10.21	6.69	0.09	5.96	7.07	7.31	7.36	7.03
捷克	5.53	2.71	-4.84	2.30	1.96	-0.81	-0.70	1.99
肯尼亚	6.99	0.23	3.31	8.40	6.11	4.55	5.69	5.33
老挝	7.60	7.82	7.50	8.53	8.04	8.02	8.52	7.46
罗马尼亚	6.26	7.86	-6.80	-0.94	2.31	0.35	3.50	1.76
马来西亚	6.30	4.83	-1.51	7.43	5.19	5.64	4.73	6.03
美国	1.78	-0.29	-2.78	2.53	1.60	2.32	2.22	2.39
蒙古	10.25	8.90	-1.27	6.37	17.29	12.32	11.64	7.82
孟加拉国	7.06	6.01	5.05	5.57	6.46	6.52	6.01	6.12
缅甸	N/A	N/A	N/A	N/A	N/A	N/A	8.24	8.50
墨西哥	3.15	1.40	-4.70	5.11	4.04	4.01	1.39	2.12
南非	5.36	3.19	-1.54	3.04	3.21	2.22	2.21	1.52
尼日利亚	6.83	6.27	6.93	7.84	4.89	4.28	5.39	6.31
日本	2.19	-1.04	-5.53	4.65	-0.45	1.75	1.61	-0.10
沙特阿拉伯	5.99	8.43	1.83	4.76	9.96	5.38	2.67	3.47

续表

国家/年份	2007	2008	2009	2010	2011	2012	2013	2014
斯里兰卡	6.80	5.95	3.54	8.02	8.25	6.34	7.25	7.37
苏丹	11.52	7.80	3.24	3.47	-1.97	-2.21	3.31	3.08
塔吉克斯坦	7.80	7.90	3.80	6.50	7.40	7.50	7.40	6.70
泰国	5.04	2.48	-2.33	7.81	0.08	6.49	2.89	0.71
土耳其	4.67	0.66	-4.83	9.16	8.77	2.13	4.19	2.87
土库曼斯坦	11.06	14.70	6.10	9.20	14.70	11.10	10.20	10.30
委内瑞拉	8.75	5.28	-3.20	-1.49	4.18	5.63	1.34	-4.00
乌克兰	7.90	2.30	-14.80	4.20	5.20	0.20	0.00	-6.80
乌兹别克斯坦	9.50	9.42	8.10	8.50	8.30	8.20	8.00	8.10
希腊	3.54	-0.44	-4.39	-5.45	-8.86	-6.57	-3.90	0.77
新加坡	9.11	1.79	-0.60	15.24	6.21	3.41	4.44	2.92
新西兰	2.96	-1.62	-0.25	1.44	2.22	2.18	2.47	N/A
匈牙利	0.51	0.88	-6.55	0.79	1.81	-1.48	1.53	3.64
伊拉克	1.38	6.61	5.81	5.54	10.21	12.62	8.38	-6.43
伊朗	6.37	1.52	2.28	6.63	3.95	-6.56	-1.92	1.46
以色列	6.27	3.50	1.90	5.75	4.19	3.00	3.25	2.77
意大利	1.47	-1.05	-5.48	1.71	0.59	-2.77	-1.70	-0.43
印度	9.80	3.89	8.48	10.26	6.64	5.08	6.90	7.42
印度尼西亚	6.35	6.01	4.63	6.22	6.17	6.03	5.58	5.02
英国	2.56	-0.33	-4.31	1.91	1.65	0.66	1.66	2.55
越南	7.13	5.66	5.40	6.42	6.24	5.25	5.42	5.98
赞比亚	8.35	7.77	9.22	10.30	6.34	6.73	6.71	6.00

数据来源：WDI，CEIC。

表 4 **GDP 5年波动系数**

国家/年份	2012	2013	2014
阿根廷	4.33	4.35	4.25
阿联酋	4.16	4.42	1.45

续表

国家/年份	2012	2013	2014
埃及	2.21	1.59	1.38
埃塞俄比亚	1.66	1.65	1.45
安哥拉	4.62	1.69	1.37
澳大利亚	0.96	0.78	0.67
巴基斯坦	0.81	1.03	1.47
巴西	3.00	2.90	2.79
白俄罗斯	4.14	3.23	2.95
保加利亚	3.87	2.77	0.65
波兰	1.15	1.30	1.30
德国	3.88	3.88	1.82
俄罗斯	5.48	5.16	1.75
法国	2.03	2.03	0.94
菲律宾	2.60	2.79	1.57
哈萨克斯坦	2.68	2.56	1.40
韩国	2.14	2.13	1.63
荷兰	2.32	2.01	1.36
吉尔吉斯斯坦	3.84	4.73	4.70
加拿大	2.43	2.44	0.62
柬埔寨	3.03	3.11	0.57
捷克	3.17	2.87	1.56
肯尼亚	3.06	1.90	1.45
老挝	0.37	0.42	0.44
罗马尼亚	5.31	4.01	1.73
马来西亚	3.41	3.40	1.03
美国	2.23	2.24	0.36
蒙古	6.92	7.05	4.28
孟加拉国	0.62	0.62	0.38
缅甸	N/A	N/A	0.18

续表

国家/年份	2012	2013	2014
墨西哥	3.97	3.97	1.53
南非	2.03	1.94	0.69
尼日利亚	1.46	1.48	1.39
日本	3.76	3.78	2.02
沙特阿拉伯	3.20	3.17	2.84
斯里兰卡	1.90	1.91	0.75
苏丹	4.21	2.98	2.95
塔吉克斯坦	1.66	1.57	0.46
泰国	4.26	4.25	3.44
土耳其	5.89	5.72	3.32
土库曼斯坦	3.69	3.12	2.12
委内瑞拉	4.12	3.71	3.96
乌克兰	8.18	8.04	4.73
乌兹别克斯坦	0.53	0.19	0.19
希腊	3.11	1.98	3.60
新加坡	6.13	5.87	5.08
新西兰	1.68	1.11	N/A
匈牙利	3.38	3.47	1.85
伊拉克	3.12	3.00	7.45
伊朗	4.95	5.19	5.15
以色列	1.43	1.44	1.22
意大利	2.84	2.84	1.78
印度	2.56	1.97	1.89
印度尼西亚	0.67	0.66	0.50
英国	2.52	2.63	0.68
越南	0.52	0.54	0.51
赞比亚	1.67	1.78	1.75

数据来源：WDI，CEIC。

表 5 贸易开放度

国家/年份	2007	2008	2009	2010	2011	2012	2013	2014
阿根廷	36.66	37.45	30.84	32.96	34.10	29.75	30.19	30.92
阿联酋	111.31	127.53	109.58	123.89	132.14	134.79	131.67	132.08
埃及	68.26	71.00	54.01	52.98	51.52	51.55	34.58	33.11
埃塞俄比亚	50.40	51.10	40.04	51.37	55.17	48.31	53.83	56.18
安哥拉	116.40	125.54	109.05	102.03	106.31	101.21	94.37	66.42
澳大利亚	45.47	45.46	43.37	44.75	45.08	41.31	39.33	40.78
巴基斯坦	40.13	43.82	34.30	38.72	37.46	35.41	34.57	33.86
巴西	24.69	26.76	21.45	21.86	23.04	24.53	25.64	25.11
白俄罗斯	129.32	130.43	113.32	123.01	160.89	161.56	127.14	118.82
保加利亚	138.49	137.21	103.20	116.79	130.02	135.26	140.20	112.99
波兰	83.59	83.86	77.58	84.74	90.33	92.41	93.45	76.58
德国	82.63	84.18	73.62	81.99	87.13	87.80	86.58	86.41
俄罗斯	52.37	53.93	49.22	50.57	52.11	51.23	50.96	53.13
法国	58.37	59.86	52.48	57.29	61.28	62.74	62.14	62.71
菲律宾	86.62	76.60	63.78	69.87	63.74	60.68	59.24	60.93
哈萨克斯坦	90.95	92.96	73.98	71.70	72.41	73.74	64.94	48.79
韩国	78.58	104.20	93.12	97.80	105.73	104.48	98.57	93.44
荷兰	146.48	152.16	130.35	151.88	163.94	174.82	172.59	142.74
吉尔吉斯斯坦	141.04	148.39	129.60	132.58	129.75	144.33	136.14	158.40
加拿大	66.00	67.31	58.03	59.63	61.76	61.69	61.57	63.78
柬埔寨	135.38	130.51	120.97	131.63	155.08	168.94	178.20	169.05
捷克	145.00	140.67	123.83	144.59	158.45	165.82	168.01	181.71
肯尼亚	53.15	56.77	50.01	55.42	61.66	56.70	39.45	49.06
老挝	54.05	54.31	51.73	63.40	65.73	66.37	58.69	N/A
罗马尼亚	77.69	79.05	70.76	78.79	88.08	88.41	87.72	73.37
马来西亚	196.13	180.47	166.38	172.66	169.19	165.25	165.53	135.57
美国	27.49	29.56	24.33	27.85	30.65	30.53	29.87	29.70
蒙古	118.95	129.62	109.23	103.32	132.60	114.95	106.43	89.14
孟加拉国	43.79	47.61	40.23	45.80	52.37	49.44	49.21	40.31

续表

国家/年份	2007	2008	2009	2010	2011	2012	2013	2014
缅甸	44.80	38.36	34.14	33.04	39.21	27.68	45.92	N/A
墨西哥	57.82	59.23	56.86	61.48	64.24	66.91	64.99	67.19
南非	63.00	74.12	55.26	59.42	64.96	66.03	70.01	70.34
尼日利亚	70.94	77.20	64.25	40.86	47.31	41.35	36.45	28.14
日本	37.03	38.35	27.91	31.95	33.64	33.56	37.61	40.30
沙特阿拉伯	92.80	93.75	80.25	79.60	84.00	82.36	81.57	78.64
斯里兰卡	72.22	67.20	51.72	55.77	63.43	58.65	54.01	40.18
苏丹	45.18	43.77	38.21	36.67	31.71	25.94	29.67	18.37
塔吉克斯坦	124.46	102.06	80.54	84.63	86.78	88.68	69.20	69.95
泰国	146.38	159.79	133.60	142.70	157.55	158.84	152.81	150.71
土耳其	49.74	53.09	47.90	48.40	56.29	57.20	57.38	59.11
土库曼斯坦	N/A	N/A	N/A	N/A	N/A	N/A	N/A	N/A
委内瑞拉	55.58	50.76	34.30	30.21	49.79	46.43	44.27	25.64
乌克兰	95.12	103.90	94.52	104.32	113.04	107.26	97.38	82.16
乌兹别克斯坦	70.46	75.88	64.63	56.44	57.49	51.83	51.41	51.41
希腊	51.91	54.82	44.75	50.89	55.66	59.95	62.11	65.51
新加坡	396.02	436.11	354.00	365.56	367.08	360.09	351.26	343.48
新西兰	57.64	65.95	57.43	57.53	60.12	57.80	55.67	45.27
匈牙利	161.29	163.57	151.50	168.81	182.59	185.18	185.37	187.71
伊拉克	76.95	78.02	81.07	78.12	77.55	76.28	58.35	59.39
伊朗	43.70	50.01	34.24	39.07	39.19	34.83	36.35	46.01
以色列	86.01	81.14	66.30	70.15	74.00	74.03	67.22	46.42
意大利	56.39	56.40	46.92	53.83	57.42	57.97	56.99	57.37
印度	43.23	57.90	43.52	47.25	56.08	57.89	56.59	52.27
印度尼西亚	57.65	61.11	46.37	44.44	48.54	47.77	46.78	39.89
英国	53.80	58.67	56.58	60.15	64.31	63.22	64.12	59.33
越南	160.25	159.75	133.00	150.48	165.56	160.72	167.31	154.45
赞比亚	69.68	63.19	58.80	67.46	74.23	79.59	84.86	65.68

数据来源：UNCTAD。

表 6 **投资开放度**

国家/年份	2007	2008	2009	2010	2011	2012	2013	2014
阿根廷	2. 42	2. 74	1. 25	1. 90	2. 18	2. 70	1. 99	1. 62
阿联酋	5. 50	4. 35	1. 58	1. 92	2. 21	2. 58	2. 61	3. 29
埃及	9. 38	7. 01	3. 85	3. 45	0. 06	1. 14	1. 65	1. 76
埃塞俄比亚	1. 13	0. 40	0. 68	0. 96	1. 96	0. 64	2. 01	N/A
安哥拉	0. 03	5. 05	2. 93	-2. 29	-0. 89	-3. 60	-0. 87	N/A
澳大利亚	6. 90	7. 30	4. 33	4. 67	5. 20	3. 82	2. 98	3. 42
巴基斯坦	3. 73	3. 23	1. 43	1. 16	0. 64	0. 42	0. 67	0. 77
巴西	4. 42	4. 53	1. 62	3. 16	2. 88	3. 49	3. 94	5. 23
白俄罗斯	4. 03	3. 65	4. 02	2. 61	6. 91	2. 55	3. 43	2. 45
保加利亚	34. 02	21. 41	8. 49	5. 03	4. 68	4. 05	4. 63	5. 09
波兰	7. 73	3. 72	4. 65	5. 80	4. 44	1. 72	-0. 63	N/A
德国	5. 57	3. 44	4. 58	6. 82	5. 47	4. 38	3. 46	3. 30
俄罗斯	7. 75	7. 85	6. 53	6. 28	6. 40	4. 93	7. 49	4. 16
法国	8. 11	6. 98	3. 97	4. 21	3. 80	2. 97	0. 22	0. 78
菲律宾	5. 55	1. 90	2. 35	1. 90	1. 94	2. 95	2. 71	4. 64
哈萨克斯坦	15. 18	15. 38	16. 02	7. 60	10. 07	7. 74	5. 04	N/A
韩国	2. 75	3. 08	2. 93	3. 45	3. 28	3. 28	3. 15	2. 87
荷兰	14. 33	0. 49	4. 50	-0. 88	2. 35	1. 18	2. 86	-0. 43
吉尔吉斯斯坦	5. 44	7. 33	4. 03	9. 13	11. 19	4. 43	10. 33	2. 84
加拿大	12. 66	9. 26	4. 70	3. 95	5. 15	5. 10	6. 58	6. 17
柬埔寨	10. 05	8. 07	5. 10	6. 72	6. 43	10. 51	9. 14	N/A
捷克	6. 49	6. 54	4. 18	7. 45	2. 54	6. 14	7. 23	1. 54
肯尼亚	2. 39	0. 39	0. 44	0. 45	-0. 11	0. 17	0. 43	1. 42
老挝	7. 66	4. 18	3. 25	3. 88	3. 63	3. 15	2. 65	N/A
罗马尼亚	6. 41	6. 90	2. 99	2. 09	N/A	1. 42	2. 13	1. 98
马来西亚	10. 79	9. 95	3. 39	10. 60	11. 48	8. 73	7. 85	N/A
美国	6. 03	4. 65	3. 24	4. 10	4. 50	3. 69	4. 14	2. 58
蒙古	9. 10	15. 13	14. 78	24. 38	46. 20	36. 57	17. 48	N/A
孟加拉国	0. 84	1. 12	0. 82	0. 75	0. 92	1. 11	1. 00	1. 45

续表

国家/年份	2007	2008	2009	2010	2011	2012	2013	2014
缅甸	3.05	2.50	2.55	2.59	3.92	3.00	4.47	N/A
墨西哥	3.88	2.70	3.04	3.91	3.07	3.49	4.58	2.18
南非	3.20	2.71	3.02	0.94	0.96	1.89	4.03	3.63
尼日利亚	4.15	4.44	5.95	1.89	2.35	1.87	1.09	N/A
日本	2.17	2.85	1.71	1.58	1.96	1.98	3.14	2.80
沙特阿拉伯	5.82	8.26	9.00	6.29	2.95	2.26	1.86	1.80
斯里兰卡	2.03	2.00	1.01	1.05	1.72	1.69	1.46	1.28
苏丹	5.31	4.77	4.84	4.41	4.00	3.97	4.65	N/A
塔吉克斯坦	9.68	7.28	1.91	0.14	1.07	3.06	1.27	N/A
泰国	5.81	4.63	3.42	4.30	2.80	7.41	6.90	5.50
土耳其	3.73	3.07	1.65	1.45	2.39	2.20	1.95	2.45
土库曼斯坦	6.76	6.63	22.52	16.39	11.63	8.86	7.46	N/A
委内瑞拉	1.55	0.75	-0.21	0.95	0.90	0.96	2.41	N/A
乌克兰	7.83	6.39	4.17	5.24	4.53	5.21	2.69	1.06
乌兹别克斯坦	3.16	2.55	2.57	4.14	3.64	1.32	1.90	N/A
希腊	2.27	2.52	1.58	0.74	1.01	0.94	0.93	1.28
新加坡	47.02	9.89	26.02	37.41	26.33	24.77	30.97	35.14
新西兰	6.09	2.53	-1.84	1.59	0.77	2.05	-1.11	N/A
匈牙利	100.14	94.92	-5.23	-35.27	13.74	14.60	-6.07	14.68
伊拉克	1.10	1.44	1.50	1.10	1.32	1.78	N/A	N/A
伊朗	0.66	0.56	0.82	0.86	0.74	0.84	0.62	N/A
以色列	9.85	8.45	2.97	6.27	7.07	4.40	5.96	3.40
意大利	6.00	2.42	1.59	1.91	3.79	0.33	2.05	1.90
印度	3.41	5.12	3.78	2.54	2.67	1.78	1.61	2.14
印度尼西亚	2.68	2.98	1.32	2.58	3.31	3.13	3.78	4.13
英国	19.17	21.57	-1.79	5.00	4.62	4.97	0.79	1.39
越南	8.89	9.97	7.83	7.68	6.18	6.14	6.34	N/A
赞比亚	9.42	5.24	6.29	13.94	4.67	4.13	9.36	1.96

数据来源：UNCTAD。

表 7 Chinn－Ito 指数

国家/年份	2007	2008	2009	2010	2011	2012	2013
阿根廷	－0. 83	－0. 83	－0. 83	－0. 83	－0. 83	－1. 89	－1. 89
阿联酋	2. 39	2. 39	2. 39	2. 39	2. 39	2. 39	2. 39
埃及	2. 39	2. 39	2. 13	1. 87	1. 61	0. 30	－1. 19
埃塞俄比亚	－1. 19	－1. 19	－1. 19	－1. 19	－1. 19	－1. 19	－1. 19
安哥拉	－1. 89	－1. 89	－1. 89	－1. 89	－1. 89	－1. 89	－1. 89
澳大利亚	1. 09	1. 09	1. 09	1. 09	1. 09	1. 35	1. 61
巴基斯坦	－1. 19	－1. 19	－1. 19	－1. 19	－1. 19	－1. 19	－1. 19
巴西	0. 91	0. 65	0. 39	0. 13	－0. 13	－0. 13	－0. 13
白俄罗斯	－0. 13	－1. 19	－1. 19	－1. 19	－1. 19	－1. 19	－1. 19
保加利亚	2. 39	2. 39	2. 39	2. 39	2. 39	2. 39	2. 39
波兰	0. 04	0. 04	0. 04	0. 04	0. 04	0. 04	0. 04
德国	2. 39	2. 39	2. 39	2. 39	2. 39	2. 39	2. 39
俄罗斯	－0. 13	－0. 13	0. 13	0. 39	0. 65	0. 91	1. 17
法国	2. 39	2. 39	2. 39	2. 39	2. 39	2. 39	2. 39
菲律宾	0. 04	0. 04	0. 04	－1. 19	－1. 19	－1. 19	－1. 19
哈萨克斯坦	－1. 19	－1. 19	－1. 19	－1. 19	－1. 19	－1. 19	－1. 19
韩国	0. 13	0. 39	0. 65	0. 91	1. 17	1. 17	1. 17
荷兰	2. 39	2. 39	2. 39	2. 39	2. 39	2. 39	2. 39
吉尔吉斯斯坦	2. 39	2. 39	2. 13	1. 87	1. 61	－0. 41	－0. 67
加拿大	2. 39	2. 39	2. 39	2. 39	2. 39	2. 39	2. 39
柬埔寨	1. 17	1. 17	1. 17	1. 17	1. 17	1. 17	1. 17
捷克	2. 39	2. 39	2. 39	2. 39	2. 39	2. 39	2. 39
肯尼亚	1. 09	1. 09	1. 09	1. 09	1. 09	1. 09	1. 09
老挝	－1. 19	－1. 19	－1. 19	－1. 19	－1. 19	－1. 19	－1. 19
罗马尼亚	2. 39	2. 39	2. 39	2. 39	2. 39	2. 39	2. 39
马来西亚	－0. 13	1. 09	－0. 13	－1. 19	－1. 19	－1. 19	－1. 19
美国	2. 39	2. 39	2. 39	2. 39	2. 39	2. 39	2. 39
蒙古	1. 09	1. 35	0. 91	1. 17	1. 43	1. 69	1. 69
孟加拉	－1. 19	－1. 19	－1. 19	－1. 19	－1. 19	－1. 19	－1. 19

续表

国家/年份	2007	2008	2009	2010	2011	2012	2013
缅甸	-1.89	-1.89	-1.89	-1.89	-1.89	-1.89	-1.89
墨西哥	1.09	1.09	1.09	1.09	1.09	1.09	1.09
南非	-1.19	-1.19	-1.19	-1.19	-1.19	-1.19	-1.19
尼日利亚	-0.59	-0.59	-0.59	-0.59	-0.59	-0.59	-0.59
日本	2.39	2.39	2.39	2.39	2.39	2.39	2.39
沙特阿拉伯	1.09	1.09	1.09	1.09	1.09	1.09	1.09
斯里兰卡	0.04	0.04	0.04	0.04	0.04	0.04	-1.19
苏丹	-0.83	N/A	-1.89	-1.63	-1.37	-1.11	-0.85
塔吉克斯坦	-1.19	0.04	-1.19	-1.19	-1.19	-1.19	-1.19
泰国	-1.19	-0.13	-1.19	-1.19	-1.19	-1.19	-1.19
土耳其	-1.19	0.04	0.04	0.04	0.04	0.04	0.04
土库曼斯坦	-1.89	-1.19	-1.19	-1.19	-1.19	-1.19	-1.19
委内瑞拉	-0.59	-0.85	-1.11	-1.37	-1.63	-1.89	-1.89
乌克兰	-1.19	-1.19	-1.89	-1.89	-1.89	-1.89	-1.89
乌兹别克斯坦	-1.19	-1.19	-1.19	-1.89	-1.89	-1.89	-1.89
希腊	2.39	2.39	2.39	2.39	2.39	2.39	2.39
新加坡	2.39	2.39	2.39	2.39	2.39	2.39	2.39
新西兰	2.39	2.39	2.39	2.39	2.39	2.39	2.39
匈牙利	2.39	2.39	2.39	2.39	2.39	2.39	2.39
伊拉克	N/A	N/A	N/A	N/A	N/A	N/A	N/A
伊朗	0.04	0.04	0.04	0.04	0.04	-0.67	-0.67
以色列	2.39	2.39	2.39	2.39	2.39	2.39	2.39
意大利	2.39	2.39	2.39	2.39	2.39	2.39	2.39
印度	-1.19	-1.19	-1.19	-1.19	-1.19	-1.19	-1.19
印度尼西亚	1.09	1.09	1.09	1.09	-0.13	-0.13	-0.13
英国	2.39	2.39	2.39	2.39	2.39	2.39	2.39
越南	-1.19	-0.13	-0.13	-0.13	-0.13	-0.13	-0.13
赞比亚	2.39	2.39	2.39	2.39	2.39	2.39	2.39

数据来源：Bloomberg。

表 8 居民消费价格指数（CPI）

国家/年份	2007	2008	2009	2010	2011	2012	2013	2014
阿根廷	8. 83	8. 58	6. 28	10. 78	9. 47	10. 03	10. 62	N/A
阿联酋	N/A	12. 25	1. 56	0. 88	0. 88	0. 66	1. 10	2. 34
埃及	9. 32	18. 32	11. 76	11. 27	10. 05	7. 12	9. 42	10. 15
埃塞俄比亚	17. 24	44. 39	8. 47	8. 14	33. 22	22. 77	8. 08	7. 39
安哥拉	12. 25	12. 47	13. 73	14. 47	13. 47	10. 29	8. 78	7. 28
澳大利亚	2. 33	4. 35	1. 82	2. 85	3. 30	1. 76	2. 45	2. 49
巴基斯坦	7. 60	20. 29	13. 65	13. 88	11. 92	9. 69	7. 69	7. 19
巴西	3. 64	5. 66	4. 89	5. 04	6. 64	5. 40	6. 20	6. 33
白俄罗斯	8. 42	14. 84	12. 95	7. 74	53. 23	59. 22	18. 31	18. 12
保加利亚	8. 40	12. 35	2. 75	2. 44	4. 22	2. 95	0. 89	-1. 42
波兰	2. 39	4. 35	3. 83	2. 71	4. 26	3. 56	1. 03	0. 11
德国	2. 30	2. 63	0. 31	1. 10	2. 08	2. 01	1. 50	0. 91
俄罗斯	9. 01	14. 11	11. 65	6. 86	8. 44	5. 07	6. 76	7. 83
法国	1. 49	2. 81	0. 09	1. 53	2. 12	1. 96	0. 86	0. 51
菲律宾	2. 90	8. 26	4. 22	3. 79	4. 65	3. 17	3. 00	4. 13
哈萨克斯坦	10. 77	17. 15	7. 31	7. 12	8. 35	5. 11	5. 84	6. 72
韩国	2. 53	4. 67	2. 76	2. 96	4. 00	2. 19	1. 31	1. 27
荷兰	1. 61	2. 49	1. 19	1. 28	2. 34	2. 45	2. 50	0. 96
吉尔吉斯斯坦	10. 18	24. 52	6. 90	7. 97	16. 50	2. 69	6. 61	7. 53
加拿大	2. 14	2. 37	0. 30	1. 78	2. 91	1. 52	0. 94	1. 91
柬埔寨	7. 67	25. 00	-0. 66	4. 00	5. 48	2. 93	2. 94	3. 86
捷克	2. 93	6. 35	1. 04	1. 41	1. 94	3. 30	1. 43	0. 34
肯尼亚	9. 76	26. 24	9. 23	3. 96	14. 02	9. 38	5. 72	6. 88
老挝	4. 52	7. 63	0. 04	5. 98	7. 58	4. 26	6. 36	4. 14
罗马尼亚	4. 84	7. 85	5. 59	6. 09	5. 79	3. 33	3. 99	1. 07
马来西亚	2. 03	5. 44	0. 58	1. 71	3. 20	1. 66	2. 11	3. 14
美国	2. 85	3. 84	-0. 36	1. 64	3. 16	2. 07	1. 46	1. 62
蒙古	9. 05	25. 06	6. 28	10. 15	9. 48	14. 98	8. 60	13. 02
孟加拉国	9. 11	8. 90	5. 42	8. 13	10. 70	6. 22	7. 53	6. 99

续表

国家/年份	2007	2008	2009	2010	2011	2012	2013	2014
缅甸	35.02	26.80	1.47	7.72	5.02	1.47	5.52	5.47
墨西哥	3.97	5.12	5.30	4.16	3.41	4.11	3.81	4.02
南非	7.10	11.54	7.13	4.26	5.00	5.65	5.45	6.38
尼日利亚	5.38	11.58	11.54	13.72	10.84	12.22	8.48	8.06
日本	0.06	1.37	-1.35	-0.72	-0.28	-0.03	0.36	2.75
沙特阿拉伯	4.17	9.87	5.07	5.34	5.82	2.89	3.51	2.67
斯里兰卡	15.84	22.56	3.46	6.22	6.72	7.54	6.91	3.28
苏丹	7.98	14.31	11.25	13.25	22.11	37.39	29.96	36.91
塔吉克斯坦	13.15	20.47	6.45	6.42	12.43	5.83	5.01	6.10
泰国	2.24	5.47	-0.85	3.27	3.81	3.01	2.18	1.90
土耳其	8.76	10.44	6.25	8.57	6.47	8.89	7.49	8.85
土库曼斯坦	6.28	14.52	4.02	10.00	11.94	8.54	9.01	10.97
委内瑞拉	N/A	N/A	27.08	28.19	26.09	21.07	40.64	62.17
乌克兰	12.84	25.23	15.89	9.38	7.96	0.56	-0.28	12.19
乌兹别克斯坦	12.26	12.71	14.12	9.40	12.80	12.19	12.00	11.73
希腊	2.90	4.15	1.21	4.71	3.33	1.50	-0.92	-1.31
新加坡	2.10	6.52	0.60	2.80	5.25	4.53	2.38	1.01
新西兰	2.38	3.96	2.12	2.30	4.43	0.88	1.30	0.86
匈牙利	7.94	6.07	4.21	4.88	3.96	5.71	1.73	-0.24
伊拉克	-10.07	12.66	6.87	2.88	5.80	6.09	1.88	2.24
伊朗	17.21	25.55	13.50	10.14	20.63	27.36	39.27	17.24
以色列	0.51	4.60	3.32	2.69	3.46	1.71	1.53	0.48
意大利	1.82	3.38	0.75	1.54	2.74	3.04	1.22	0.24
印度	6.37	8.35	10.88	11.99	8.86	9.31	10.91	6.35
印度尼西亚	6.41	9.78	4.81	5.13	5.36	4.28	6.41	6.39
英国	2.32	3.61	2.17	3.29	4.48	2.82	2.55	1.46
越南	8.30	23.12	7.05	8.86	18.68	9.09	6.59	4.09
赞比亚	10.66	12.45	13.40	8.50	6.43	6.58	6.98	7.81

数据来源：WDI，CEIC。

表 9　　失业率

国家/年份	2007	2008	2009	2010	2011	2012	2013	2014
阿根廷	8. 50	7. 80	8. 60	7. 70	7. 20	7. 20	7. 50	7. 30
阿联酋	3. 40	4. 00	4. 20	4. 20	4. 10	4. 00	3. 80	N/A
埃及	8. 90	8. 70	9. 40	9. 00	12. 00	12. 70	12. 70	13. 10
埃塞俄比亚	5. 40	5. 40	5. 40	5. 40	5. 40	5. 40	5. 70	N/A
安哥拉	6. 80	6. 80	7. 00	6. 90	6. 90	6. 90	6. 80	N/A
澳大利亚	4. 40	4. 20	5. 60	5. 20	5. 10	5. 20	5. 70	6. 10
巴基斯坦	5. 10	5. 00	4. 90	5. 00	5. 00	5. 00	5. 10	6. 00
巴西	8. 10	7. 10	8. 30	7. 90	6. 70	6. 10	5. 90	N/A
白俄罗斯	6. 20	6. 00	6. 10	6. 10	6. 00	5. 90	5. 80	5. 00
保加利亚	6. 90	5. 60	6. 80	10. 20	11. 30	12. 30	12. 90	11. 80
波兰	9. 60	7. 10	8. 20	9. 60	9. 60	10. 10	10. 40	12. 30
德国	8. 60	7. 50	7. 70	7. 10	5. 90	5. 40	5. 30	6. 70
俄罗斯	6. 00	6. 20	8. 30	7. 30	6. 50	5. 50	5. 60	5. 20
法国	8. 00	7. 40	9. 10	9. 30	9. 20	9. 90	10. 40	10. 00
菲律宾	7. 40	7. 30	7. 50	7. 30	7. 00	7. 00	7. 10	6. 80
哈萨克斯坦	7. 30	6. 60	6. 60	5. 80	5. 40	5. 30	5. 20	5. 10
韩国	3. 20	3. 20	3. 60	3. 70	3. 40	3. 20	3. 10	3. 50
荷兰	3. 20	2. 80	3. 40	4. 50	4. 40	5. 30	6. 70	7. 40
吉尔吉斯斯坦	8. 20	8. 20	8. 40	8. 60	8. 50	8. 40	8. 00	8. 00
加拿大	6. 00	6. 10	8. 30	8. 00	7. 40	7. 20	7. 10	6. 90
柬埔寨	0. 50	0. 20	0. 00	0. 40	0. 30	0. 20	0. 30	0. 30
捷克	5. 30	4. 40	6. 70	7. 30	6. 70	7. 00	6. 90	7. 70
肯尼亚	9. 50	9. 40	9. 40	9. 30	9. 30	9. 20	9. 20	N/A
老挝	1. 40	1. 40	1. 40	1. 40	1. 40	1. 40	1. 40	N/A
罗马尼亚	6. 40	5. 80	6. 90	7. 30	7. 40	7. 00	7. 30	5. 20
马来西亚	3. 20	3. 30	3. 70	3. 40	3. 10	3. 00	3. 20	3. 00
美国	4. 70	5. 90	9. 40	9. 70	9. 00	8. 20	7. 40	6. 20
蒙古	7. 20	5. 60	5. 90	6. 50	4. 80	5. 20	4. 90	7. 70
孟加拉国	4. 30	4. 40	5. 00	4. 50	4. 50	4. 50	4. 30	N/A

续表

国家/年份	2007	2008	2009	2010	2011	2012	2013	2014
缅甸	3.40	3.60	3.50	3.50	3.40	3.30	3.40	N/A
墨西哥	3.40	3.50	5.20	5.20	5.30	4.90	4.90	4.80
南非	22.30	22.70	23.70	24.70	24.70	25.00	24.90	25.10
尼日利亚	7.60	7.60	7.60	7.60	7.60	7.50	7.50	N/A
日本	3.90	4.00	5.00	5.00	4.50	4.30	4.00	3.60
沙特阿拉伯	5.70	5.10	5.40	5.40	5.80	5.60	5.70	5.70
斯里兰卡	6.00	5.20	5.90	4.90	4.20	4.00	4.20	4.40
苏丹	14.80	14.80	14.80	14.80	14.80	14.80	15.20	N/A
塔吉克斯坦	11.60	11.20	11.50	11.60	11.30	11.00	10.70	N/A
泰国	1.20	1.20	1.50	1.00	0.70	0.70	0.70	0.80
土耳其	10.30	11.00	14.00	11.90	9.80	9.20	10.00	10.00
土库曼斯坦	11.00	11.00	10.90	10.90	10.90	10.80	10.60	N/A
委内瑞拉	7.50	6.90	7.80	8.60	8.30	8.10	7.50	7.00
乌克兰	6.40	6.40	8.80	8.10	7.90	7.50	7.90	9.30
乌兹别克斯坦	11.10	11.10	11.00	11.00	11.00	10.90	10.70	N/A
希腊	8.30	7.70	9.50	12.50	17.70	24.20	27.30	26.50
新加坡	3.00	3.20	4.30	3.10	2.90	2.80	2.80	2.70
新西兰	3.70	4.20	6.10	6.50	6.50	6.90	6.20	5.70
匈牙利	7.40	7.80	10.00	11.20	10.90	10.90	10.20	7.70
伊拉克	16.90	15.30	15.20	15.20	15.20	15.10	16.00	N/A
伊朗	10.60	10.50	12.00	13.50	13.30	13.10	13.20	10.50
以色列	7.30	6.10	7.50	6.60	5.60	6.90	6.30	5.90
意大利	6.10	6.70	7.80	8.40	8.40	10.70	12.20	12.70
印度	3.70	4.10	3.90	3.50	3.50	3.60	3.60	N/A
印度尼西亚	9.10	8.40	7.90	7.10	6.60	6.10	6.30	5.90
英国	5.40	5.40	7.80	7.90	7.80	8.00	7.50	6.20
越南	2.30	2.40	2.60	2.60	2.00	1.80	2.00	2.10
赞比亚	15.70	15.70	15.60	13.20	13.20	13.10	13.30	N/A

数据来源：WDI，CEIC。

表 10 **基尼系数**

国家	2014 年
阿联酋	N/A
埃及	30.75
埃塞俄比亚	33.00
白俄罗斯	26.46
保加利亚	35.40
波兰	32.78
俄罗斯	41.70
哈萨克斯坦	28.90
吉尔吉斯斯坦	33.39
柬埔寨	31.82
捷克	24.90
肯尼亚	42.50
老挝	36.22
罗马尼亚	27.33
马来西亚	46.21
蒙古	36.50
孟加拉国	32.12
缅甸	N/A
沙特阿拉伯	N/A
斯里兰卡	36.40
塔吉克斯坦	30.77
泰国	39.37
土耳其	40.04
土库曼斯坦	40.80
乌克兰	34.40
乌兹别克斯坦	35.19
希腊	34.74
新加坡	46.40
匈牙利	28.94

续表

国家	2014年
伊拉克	29.54
伊朗	44.50
以色列	37.60
印度	33.60
印度尼西亚	38.14
越南	35.62
阿根廷	43.57
安哥拉	42.66
澳大利亚	30.30
巴基斯坦	29.60
巴西	52.67
德国	30.63
法国	30.10
菲律宾	43.03
韩国	30.20
荷兰	25.10
加拿大	33.68
美国	30.30
墨西哥	48.07
南非	62.50
尼日利亚	42.95
日本	37.90
苏丹	35.29
委内瑞拉	39.00
新西兰	36.20
意大利	31.90
英国	32.40
赞比亚	57.49

数据来源：WDI，CEIC，CIA。

表 11 公共债务/GDP

国家/年份	2007	2008	2009	2010	2011	2012	2013	2014
阿根廷	53.22	47.01	47.63	39.16	35.76	37.33	40.22	48.56
阿联酋	7.85	12.53	24.08	22.24	17.61	17.09	11.66	12.07
埃及	80.19	70.20	73.03	73.17	76.63	78.90	89.03	90.47
埃塞俄比亚	36.56	30.23	24.90	27.43	25.74	20.94	21.55	21.86
安哥拉	16.43	16.62	49.88	39.80	32.20	29.61	35.16	38.04
澳大利亚	9.68	11.74	16.76	20.50	24.24	27.86	30.72	34.26
巴基斯坦	52.59	57.93	59.13	61.46	59.53	63.96	64.27	64.22
巴西	63.80	61.91	65.04	63.03	61.23	63.54	62.22	65.22
白俄罗斯	18.35	21.54	34.69	39.50	45.90	38.46	38.29	37.89
保加利亚	17.91	15.02	15.08	14.65	14.83	17.08	17.59	26.90
波兰	44.61	47.04	50.26	53.60	54.80	54.36	55.72	48.81
德国	63.46	64.90	72.39	80.25	77.64	79.04	76.86	73.11
俄罗斯	8.61	7.98	10.63	11.35	11.64	12.67	14.03	17.92
法国	64.19	67.85	78.76	81.46	84.95	89.23	92.42	95.14
菲律宾	44.64	44.17	44.34	43.46	41.41	40.59	39.09	37.23
哈萨克斯坦	5.87	6.77	10.23	10.68	10.41	12.39	12.86	15.12
韩国	28.65	27.98	31.22	31.00	31.73	32.32	33.90	35.72
荷兰	42.55	54.66	56.39	59.01	61.26	66.52	68.61	68.31
吉尔吉斯斯坦	56.81	48.46	58.07	59.73	49.38	48.98	46.10	53.04
加拿大	66.71	70.84	83.00	84.56	85.33	87.94	87.66	86.52
柬埔寨	30.66	27.49	28.98	29.12	28.69	28.88	28.66	29.54
捷克	26.71	27.50	33.13	36.79	39.36	43.85	43.76	41.60
肯尼亚	38.37	41.47	41.10	44.40	43.05	40.81	42.24	48.60
老挝	64.23	60.34	63.20	62.10	56.90	62.19	60.13	62.51
罗马尼亚	12.65	13.39	23.35	30.54	33.87	37.55	38.82	40.38
马来西亚	41.22	41.23	52.80	53.51	54.21	56.25	57.71	56.95
美国	64.01	72.84	86.04	94.76	99.11	102.39	103.42	104.77
蒙古	N/A	N/A	N/A	N/A	N/A	N/A	N/A	N/A
孟加拉	41.91	40.57	39.54	36.62	35.30	33.82	34.66	33.86

续表

国家/年份	2007	2008	2009	2010	2011	2012	2013	2014
缅甸	62.42	53.06	55.09	49.63	49.39	48.04	40.81	39.72
墨西哥	37.53	42.83	43.92	42.23	43.20	43.17	46.34	50.08
南非	27.08	25.94	30.32	34.36	37.64	40.50	43.29	45.87
尼日利亚	8.38	7.45	9.57	9.58	10.18	10.40	10.48	10.50
日本	183.01	191.81	210.25	215.95	229.84	236.76	242.59	246.42
沙特阿拉伯	17.12	12.06	13.99	8.45	5.40	3.59	2.15	1.57
斯里兰卡	85.00	81.37	86.06	81.91	78.45	79.17	78.32	75.88
苏丹	70.71	68.85	72.11	73.10	70.46	94.72	90.48	74.24
塔吉克斯坦	34.60	29.96	36.22	36.34	35.43	32.37	29.18	28.18
泰国	38.35	37.27	45.22	42.64	41.69	45.44	45.85	47.17
土耳其	39.91	39.98	46.03	42.28	39.14	36.15	36.18	33.49
土库曼斯坦	2.42	2.81	2.44	4.11	10.05	18.07	21.07	16.79
委内瑞拉	30.84	23.32	28.56	36.30	43.31	45.97	55.38	45.62
乌克兰	11.82	19.66	34.12	40.63	36.84	37.54	40.65	71.21
乌兹别克斯坦	15.79	12.73	10.98	9.96	9.09	8.55	8.28	8.46
希腊	102.78	108.75	126.22	145.67	170.96	156.49	174.95	177.19
新加坡	84.72	95.34	99.68	97.04	100.98	105.50	102.12	98.75
新西兰	16.98	19.88	25.46	31.52	36.46	36.88	35.52	33.98
匈牙利	65.85	71.88	78.12	80.90	81.04	78.51	77.35	76.89
伊拉克	117.09	74.17	87.38	53.23	40.57	34.58	32.10	37.02
伊朗	12.03	9.28	10.43	12.17	8.93	11.19	11.14	12.17
以色列	73.90	72.66	75.02	71.07	69.65	68.31	67.62	68.82
意大利	99.73	102.34	112.46	115.29	116.40	123.21	128.61	132.11
印度	74.03	74.54	72.53	67.46	68.10	67.45	65.53	64.96
印度尼西亚	32.33	30.25	26.48	24.53	23.11	22.96	24.90	25.03
英国	43.63	51.78	65.81	76.39	81.83	85.82	87.31	89.54
越南	40.90	39.42	46.90	48.35	46.72	48.53	52.14	58.73
赞比亚	21.93	19.20	20.52	18.89	20.57	25.47	28.82	31.06

数据来源：WDI，WEO。

表 12 外债/GDP

国家/年份	2007	2008	2009	2010	2011	2012	2013	2014
阿根廷	0. 37	0. 30	0. 34	0. 26	0. 24	0. 22	0. 22	0. 27
阿联酋	N/A	N/A	N/A	N/A	N/A	N/A	N/A	N/A
埃及	0. 26	0. 21	0. 19	0. 17	0. 15	0. 15	0. 16	0. 14
埃塞俄比亚	0. 13	0. 11	0. 16	0. 25	0. 27	0. 24	0. 26	0. 31
安哥拉	0. 20	0. 18	0. 23	0. 21	0. 19	0. 17	0. 19	N/A
澳大利亚	0. 96	0. 76	1. 12	1. 03	0. 93	0. 91	0. 88	0. 95
巴基斯坦	0. 28	0. 29	0. 34	0. 35	0. 30	0. 27	0. 24	N/A
巴西	0. 17	0. 16	0. 17	0. 16	0. 15	0. 18	0. 20	0. 30
白俄罗斯	0. 28	0. 25	0. 45	0. 51	0. 57	0. 53	0. 54	0. 53
保加利亚	1. 00	0. 99	1. 10	1. 03	0. 85	0. 96	0. 97	0. 88
波兰	0. 54	0. 46	0. 64	0. 67	0. 62	0. 74	0. 73	0. 65
德国	1. 49	1. 39	1. 54	1. 57	1. 46	1. 75	1. 61	1. 45
俄罗斯	0. 36	0. 29	0. 38	0. 32	0. 28	0. 32	0. 35	0. 32
法国	1. 82	1. 67	1. 92	1. 95	1. 83	2. 01	1. 98	1. 94
菲律宾	0. 40	0. 33	0. 33	0. 30	0. 27	0. 25	0. 22	0. 27
哈萨克斯坦	0. 92	0. 80	0. 95	0. 81	0. 66	0. 67	0. 64	0. 74
韩国	0. 30	0. 32	0. 38	0. 33	0. 33	0. 33	0. 32	0. 30
荷兰	5. 31	4. 49	4. 99	5. 04	4. 78	5. 36	5. 30	4. 78
吉尔吉斯斯坦	0. 76	0. 71	0. 88	0. 86	0. 89	0. 91	0. 93	N/A
加拿大	0. 59	0. 55	0. 75	0. 71	0. 69	0. 78	0. 76	0. 83
柬埔寨	0. 32	0. 31	0. 33	0. 33	0. 34	0. 40	0. 42	N/A
捷克	0. 40	0. 35	0. 44	0. 47	0. 42	0. 50	0. 66	0. 61
肯尼亚	0. 24	0. 21	0. 23	0. 22	0. 25	0. 23	0. 25	N/A
老挝	1. 09	0. 95	0. 99	0. 80	0. 81	0. 79	0. 77	N/A
罗马尼亚	0. 49	0. 50	0. 73	0. 75	0. 71	0. 77	0. 71	0. 58
马来西亚	0. 44	0. 46	0. 59	0. 55	0. 51	0. 64	0. 68	0. 65
美国	0. 93	0. 94	0. 95	0. 97	1. 00	0. 97	0. 98	0. 99
蒙古	0. 41	0. 39	0. 65	0. 83	0. 93	1. 25	1. 51	N/A
孟加拉国	0. 27	0. 25	0. 24	0. 22	0. 21	0. 20	0. 19	0. 20

续表

国家/年份	2007	2008	2009	2010	2011	2012	2013	2014
缅甸	N/A	N/A	N/A	N/A	N/A	0.11	0.13	N/A
墨西哥	0.19	0.19	0.23	0.25	0.26	0.32	0.35	0.33
南非	0.24	0.25	0.28	0.29	0.28	0.37	0.38	0.42
尼日利亚	0.02	0.02	0.04	0.02	0.02	0.02	0.03	N/A
日本	0.41	0.46	0.41	0.47	0.53	0.51	0.57	0.59
沙特阿拉伯	N/A	N/A	N/A	N/A	N/A	N/A	N/A	N/A
斯里兰卡	0.45	0.39	0.39	0.40	0.37	0.40	0.37	0.57
苏丹	0.43	0.37	0.40	0.34	0.31	0.35	0.34	N/A
塔吉克斯坦	0.36	0.48	0.54	0.55	0.51	0.48	0.42	N/A
泰国	0.25	0.24	0.31	0.33	0.32	0.37	0.35	0.38
土耳其	0.40	0.40	0.45	0.41	0.39	0.43	0.47	0.50
土库曼斯坦	0.07	0.04	0.03	0.02	0.02	0.01	0.01	N/A
委内瑞拉	0.25	0.21	0.25	0.25	0.35	0.31	0.32	N/A
乌克兰	0.55	0.55	0.89	0.92	0.83	0.77	0.81	0.96
乌兹别克斯坦	0.21	0.18	0.21	0.20	0.19	0.17	0.19	N/A
希腊	1.43	1.42	1.79	1.82	1.66	2.32	2.38	2.17
新加坡	5.13	4.91	4.68	4.50	4.18	4.29	4.38	4.32
新西兰	N/A	N/A	N/A	N/A	1.12	1.15	1.02	N/A
匈牙利	1.26	1.42	1.86	1.67	1.51	1.59	1.48	1.33
伊拉克	N/A	N/A	N/A	N/A	N/A	N/A	N/A	N/A
伊朗	0.07	0.04	0.05	0.05	0.03	0.01	0.02	N/A
以色列	0.51	0.41	0.45	0.46	0.40	0.38	0.33	0.32
意大利	1.16	0.98	1.17	1.15	1.04	1.22	1.23	1.15
印度	0.17	0.19	0.19	0.17	0.18	0.22	0.23	0.22
印度尼西亚	0.34	0.31	0.33	0.26	0.25	0.27	0.29	0.33
英国	3.65	3.23	3.90	3.83	3.73	3.72	3.51	3.13
越南	0.30	0.27	0.31	0.39	0.39	0.38	0.38	N/A
赞比亚	0.20	0.17	0.25	0.22	0.21	0.22	0.21	N/A

数据来源：QEDS，WDI。

表 13　短期外债/总外债

国家/年份	2007	2008	2009	2010	2011	2012	2013
阿根廷	15.93	16.25	15.53	14.07	19.84	19.43	16.27
阿联酋	N/A	N/A	N/A	N/A	N/A	N/A	N/A
埃及	6.53	8.47	7.30	8.62	8.61	16.64	6.34
埃塞俄比亚	1.85	1.72	0.87	4.28	2.03	0.35	1.48
安哥拉	19.02	15.42	15.24	1.07	0.87	0.82	0.73
澳大利亚	N/A	N/A	2.13	5.56	5.28	2.89	1.84
巴基斯坦	5.30	2.77	2.60	3.70	3.96	4.26	3.40
巴西	16.46	13.94	14.13	18.59	10.43	7.40	6.94
白俄罗斯	58.95	49.98	41.15	41.78	39.63	34.47	34.75
保加利亚	32.03	34.83	32.14	30.10	27.23	27.20	25.36
波兰	N/A	N/A	N/A	N/A	N/A	N/A	N/A
德国	4.86	5.93	11.09	10.70	15.68	11.99	9.77
俄罗斯	0.86	0.96	1.08	0.92	0.92	0.73	0.59
法国	10.27	13.04	19.63	19.49	19.56	15.73	14.19
菲律宾	11.98	12.03	7.18	10.36	11.49	13.82	18.50
哈萨克斯坦	11.98	8.89	6.37	7.44	7.04	6.71	6.33
韩国	N/A	N/A	N/A	N/A	N/A	N/A	N/A
荷兰	14.50	20.00	24.28	20.35	20.48	13.35	13.07
吉尔吉斯斯坦	11.08	10.77	10.29	4.74	3.43	3.54	4.52
加拿大	7.40	8.30	14.39	9.33	12.42	13.76	13.79
柬埔寨	8.16	10.21	7.90	7.48	11.15	18.37	19.20
捷克	0.79	0.32	1.62	2.17	3.78	3.18	3.10
肯尼亚	12.82	11.97	11.78	11.42	15.76	12.46	17.47
老挝	4.41	3.20	3.44	0.31	0.92	0.64	9.33
罗马尼亚	34.85	28.01	18.74	21.04	22.95	19.96	19.26
马来西亚	27.43	36.30	36.53	37.76	44.05	47.57	48.72
美国	11.32	17.84	23.47	17.42	13.38	12.34	11.82
蒙古	3.34	3.19	8.31	6.17	6.06	5.87	8.26
孟加拉	6.41	8.25	7.86	11.45	13.56	6.58	5.24

续表

国家/年份	2007	2008	2009	2010	2011	2012	2013
缅甸	12.41	13.13	13.28	13.05	14.42	14.52	12.24
墨西哥	13.73	13.51	14.71	21.91	22.08	24.81	24.33
南非	33.01	36.02	26.16	20.28	17.68	19.24	19.49
尼日利亚	0.00	0.00	0.00	0.00	0.00	0.00	0.00
日本	24.02	34.85	41.10	44.62	50.59	54.16	53.92
沙特阿拉伯	N/A	N/A	N/A	N/A	N/A	N/A	N/A
斯里兰卡	11.28	13.28	1.61	2.95	0.00	0.11	0.02
苏丹	32.25	32.91	31.90	32.05	25.55	25.02	24.01
塔吉克斯坦	5.39	3.61	2.79	3.95	3.88	0.43	3.52
泰国	29.16	30.72	41.20	47.64	43.02	43.35	44.29
土耳其	16.70	18.17	17.67	25.85	26.80	29.83	33.25
土库曼斯坦	10.95	6.81	11.30	10.35	10.52	18.03	13.11
委内瑞拉	31.19	30.20	23.08	21.28	17.26	16.31	20.29
乌克兰	29.01	20.99	19.04	21.78	24.15	25.58	23.58
乌兹别克斯坦	4.27	4.33	2.35	3.05	4.34	3.80	3.95
希腊	N/A	N/A	N/A	N/A	N/A	N/A	N/A
新加坡	N/A	N/A	N/A	N/A	N/A	N/A	N/A
新西兰	N/A	N/A	N/A	N/A	N/A	7.27	4.51
匈牙利	19.10	12.62	11.97	15.19	15.01	11.29	11.66
伊拉克	N/A	N/A	N/A	N/A	N/A	N/A	N/A
伊朗	46.14	41.97	48.16	57.98	54.68	12.73	20.92
以色列	28.16	19.73	21.74	16.35	14.79	14.89	14.71
意大利	N/A	N/A	N/A	N/A	N/A	N/A	N/A
印度	17.69	19.29	18.18	19.35	23.17	23.63	21.68
印度尼西亚	12.62	12.98	13.41	16.67	17.38	18.00	18.29
英国	4.56	7.79	10.23	9.87	8.04	7.25	4.62
越南	19.88	16.15	15.68	15.47	18.77	16.73	16.15
赞比亚	20.12	21.88	12.57	26.94	6.59	6.13	5.93

数据来源：QEDS。

表 14 财政余额/GDP

国家/年份	2007	2008	2009	2010	2011	2012	2013	2014
阿根廷	0.30	0.84	-1.58	0.01	-1.95	-2.36	-2.00	-2.70
阿联酋	21.80	20.08	-4.28	2.01	6.34	10.91	9.94	5.99
埃及	-7.55	-8.00	-6.90	-8.28	-9.78	-10.52	-14.08	-13.60
埃塞俄比亚	-3.57	-2.88	-0.93	-1.32	-1.60	-1.17	-1.94	-2.62
安哥拉	4.66	-4.46	-7.36	3.45	8.68	4.59	-0.34	-2.85
澳大利亚	1.48	-1.10	-4.56	-5.11	-4.48	-3.38	-3.05	-3.58
巴基斯坦	-5.12	-7.06	-4.95	-5.91	-6.89	-8.40	-8.13	-4.71
巴西	-2.74	-1.53	-3.19	-2.72	-2.47	-2.57	-3.06	-6.23
白俄罗斯	1.52	1.90	-0.38	-0.46	4.24	1.68	-0.93	0.14
保加利亚	3.14	2.79	-0.89	-3.93	-1.90	-0.45	-1.80	-3.71
波兰	-2.14	-3.56	-7.23	-7.63	-4.91	-3.74	-4.03	-3.45
德国	0.22	-0.07	-3.00	-4.05	-0.80	0.10	0.15	0.62
俄罗斯	5.98	4.88	-6.31	-3.42	1.54	0.42	-1.28	-1.19
法国	-2.54	-3.18	-7.16	-6.80	-5.10	-4.86	-4.12	-4.19
菲律宾	-0.30	0.02	-2.69	-2.36	-0.40	-0.65	-0.13	0.53
哈萨克斯坦	5.14	1.23	-1.33	1.47	5.95	4.53	5.05	1.93
韩国	2.17	1.52	0.02	1.53	1.69	1.56	0.65	0.31
荷兰	0.18	0.20	-5.46	-5.05	-4.33	-3.95	-2.28	-2.27
吉尔吉斯斯坦	-0.64	0.97	-1.11	-5.85	-4.57	-5.66	-3.70	0.23
加拿大	1.46	-0.30	-4.52	-4.93	-3.75	-3.14	-2.81	-1.76
柬埔寨	-0.73	0.28	-4.24	-2.85	-4.08	-3.79	-2.12	-0.85
捷克	-0.70	-2.12	-5.54	-4.48	-3.02	-3.98	-1.38	-0.95
肯尼亚	-2.42	-3.38	-4.34	-4.41	-4.12	-5.04	-5.68	-6.78
老挝	-2.69	-1.42	-4.15	-3.25	-1.74	-0.51	-5.63	-3.85
罗马尼亚	-3.10	-4.74	-7.13	-6.30	-4.20	-2.48	-2.47	-1.87
马来西亚	-2.69	-3.57	-6.73	-4.66	-3.73	-3.87	-4.42	-3.68
美国	-2.33	-1.76	-7.69	-4.98	-2.88	-1.59	-1.70	-2.09
蒙古	2.28	-3.89	-4.47	0.43	-4.01	-9.09	-8.92	-10.97
孟加拉	-2.23	-4.03	-3.21	-2.68	-3.59	-2.98	-3.38	-3.01

续表

国家/年份	2007	2008	2009	2010	2011	2012	2013	2014
缅甸	-3.25	-2.44	-4.93	-5.45	-4.63	-1.68	-2.04	-4.32
墨西哥	-1.16	-0.97	-5.08	-4.27	-3.34	-3.69	-3.83	-4.63
南非	1.24	-0.46	-4.73	-4.79	-3.87	-4.10	-4.07	-4.10
尼日利亚	-1.10	5.85	-5.97	-4.23	0.40	0.26	-2.36	-2.31
日本	-2.09	-4.11	-10.39	-9.30	-9.82	-8.76	-8.52	-7.68
沙特阿拉伯	15.04	31.55	-4.09	5.19	12.01	14.74	8.74	-0.45
斯里兰卡	-6.88	-7.02	-9.85	-7.96	-6.88	-6.45	-5.86	-5.91
苏丹	-3.49	0.57	-5.08	0.28	0.21	-3.34	-2.26	-1.04
塔吉克斯坦	-5.53	-5.06	-5.23	-2.98	-2.14	0.56	-0.81	0.13
泰国	0.23	0.13	-3.18	-0.80	-0.59	-1.80	-0.20	-1.83
土耳其	-1.95	-2.72	-6.00	-3.43	-0.61	-1.67	-1.26	-1.50
土库曼斯坦	3.91	10.00	7.02	2.05	3.65	6.34	1.31	0.80
委内瑞拉	-2.82	-3.46	-8.69	-10.36	-11.59	-16.48	-14.58	-14.77
乌克兰	-1.90	-3.03	-6.03	-5.77	-2.76	-4.31	-4.78	-4.52
乌兹别克斯坦	5.18	10.17	2.78	4.94	8.84	8.45	2.88	1.72
希腊	-6.72	-9.91	-15.25	-11.07	-10.12	-6.32	-2.81	-2.70
新加坡	11.84	6.44	-0.59	6.56	8.47	7.84	5.44	4.24
新西兰	3.38	1.47	-1.52	-5.05	-4.80	-1.57	-0.81	-0.60
匈牙利	-4.99	-3.64	-4.46	-4.55	-5.24	-2.32	-2.43	-2.59
伊拉克	7.83	-0.86	-12.70	-4.18	4.74	4.09	-5.84	-2.97
伊朗	6.74	0.61	0.83	2.75	0.22	-0.33	-0.94	-1.39
以色列	-1.17	-3.34	-6.22	-4.60	-3.93	-5.15	-4.09	-3.55
意大利	-1.53	-2.69	-5.27	-4.24	-3.49	-3.01	-2.86	-3.04
印度	-4.41	-9.96	-9.75	-8.40	-8.12	-7.48	-7.23	-7.15
印度尼西亚	-0.95	0.05	-1.64	-1.24	-0.60	-1.59	-2.00	-2.16
英国	-3.00	-5.11	-10.82	-9.67	-7.64	-7.78	-5.74	-5.69
越南	-2.01	-0.49	-6.02	-2.76	-1.06	-6.80	-5.88	-5.37
赞比亚	-1.04	-0.67	-2.06	-2.43	-1.76	-3.23	-6.69	-5.57

数据来源：WEO。

表 15　　外债/外汇储备

国家/年份	2007	2008	2009	2010	2011	2012	2013	2014
阿根廷	262. 17	265. 14	266. 09	231. 37	286. 91	307. 80	446. 30	468. 05
阿联酋	N/A	N/A	N/A	N/A	N/A	N/A	N/A	N/A
埃及	106. 27	97. 80	100. 49	98. 69	188. 58	255. 21	268. 68	276. 84
埃塞俄比亚	204. 50	332. 70	293. 81	N/A	N/A	N/A	N/A	N/A
安哥拉	106. 56	86. 75	124. 52	85. 82	67. 04	60. 17	73. 23	N/A
澳大利亚	3051. 73	2431. 58	2492. 87	2776. 89	2765. 27	2846. 96	2600. 62	2560. 82
巴基斯坦	265. 89	548. 80	414. 08	359. 07	361. 56	445. 18	737. 93	N/A
巴西	132. 22	135. 69	118. 07	122. 10	114. 78	118. 05	134. 46	195. 98
白俄罗斯	298. 86	493. 66	391. 01	565. 06	431. 44	417. 00	587. 64	789. 78
保加利亚	249. 78	293. 54	298. 97	292. 15	274. 02	247. 02	266. 53	244. 23
波兰	355. 03	394. 79	352. 34	339. 28	330. 86	335. 85	359. 71	352. 58
德国	3764. 70	3766. 90	2929. 59	2486. 25	2346. 82	2482. 68	3021. 16	2892. 74
俄罗斯	96. 98	112. 56	106. 13	101. 94	108. 34	118. 33	143. 00	155. 11
法国	4194. 09	4724. 93	3930. 77	3111. 68	3099. 97	2913. 86	3822. 90	3817. 47
菲律宾	175. 21	155. 23	126. 03	97. 51	81. 23	73. 27	72. 86	97. 54
哈萨克斯坦	545. 50	536. 79	473. 34	421. 53	425. 52	478. 82	601. 24	542. 33
韩国	129. 02	156. 76	127. 43	121. 83	130. 33	124. 78	122. 51	117. 26
荷兰	16418. 62	14622. 02	10889. 50	9136. 07	8470. 00	8047. 82	9769. 43	9648. 17
吉尔吉斯斯坦	244. 88	296. 15	259. 98	239. 16	299. 54	291. 57	303. 96	N/A
加拿大	2090. 97	1931. 88	1892. 25	2002. 07	1886. 62	2071. 60	1938. 76	1995. 56
柬埔寨	129. 28	120. 53	104. 66	98. 37	107. 24	114. 58	128. 60	N/A
捷克	217. 84	224. 43	217. 43	227. 38	236. 11	230. 96	244. 36	229. 57
肯尼亚	224. 19	264. 24	223. 13	203. 69	241. 19	202. 55	204. 15	N/A
老挝	651. 16	590. 77	630. 26	518. 12	570. 34	576. 42	809. 01	N/A
罗马尼亚	210. 48	257. 25	270. 07	258. 36	269. 82	279. 20	274. 43	265. 11
马来西亚	82. 57	115. 98	123. 69	127. 48	109. 98	139. 60	158. 04	184. 44
美国	4840. 53	4678. 56	3380. 84	2968. 96	2886. 49	2730. 51	3676. 13	3972. 70
蒙古	173. 86	332. 51	224. 99	259. 12	393. 27	372. 85	841. 72	N/A
孟加拉国	404. 98	396. 60	238. 06	230. 44	297. 84	205. 33	153. 72	158. 56

续表

国家/年份	2007	2008	2009	2010	2011	2012	2013	2014
缅甸	204.99	190.12	138.49	135.47	113.71	112.49	N/A	N/A
墨西哥	228.44	216.36	202.14	217.29	202.52	224.95	245.84	216.73
南非	221.25	207.50	205.44	244.48	238.20	285.81	281.33	295.35
尼日利亚	7.22	7.54	14.87	20.08	24.72	21.16	29.82	N/A
日本	181.63	216.41	198.90	236.17	240.40	237.90	221.27	216.27
沙特阿拉伯	N/A	N/A	N/A	N/A	N/A	N/A	N/A	N/A
斯里兰卡	411.20	600.41	303.43	276.54	327.52	330.97	335.57	523.56
苏丹	1424.86	1449.54	1930.95	2145.56	10983.41	11313.49	11616.85	N/A
塔吉克斯坦	1577.46	1524.38	1045.91	764.63	640.07	577.55	534.95	N/A
泰国	71.73	59.98	58.36	61.81	62.84	73.96	80.95	89.52
土耳其	337.85	392.24	370.02	348.05	347.28	282.84	296.25	315.83
土库曼斯坦	N/A	N/A	N/A	N/A	N/A	N/A	N/A	N/A
委内瑞拉	168.13	155.21	238.77	327.25	396.39	403.57	585.73	N/A
乌克兰	243.12	311.72	393.96	362.07	426.25	553.39	723.60	1675.42
乌兹别克斯坦	N/A	N/A	N/A	N/A	N/A	N/A	N/A	N/A
希腊	12456.50	14464.74	10732.32	8578.04	7116.26	7972.19	9984.26	8249.11
新加坡	555.31	531.94	469.28	459.63	472.30	467.45	476.34	508.27
新西兰	N/A	N/A	N/A	N/A	1094.70	1138.74	1177.23	1196.59
匈牙利	725.59	658.03	543.08	479.98	431.73	450.81	423.02	433.55
伊拉克	N/A	N/A	N/A	N/A	N/A	N/A	N/A	N/A
伊朗	N/A	N/A	N/A	N/A	N/A	N/A	N/A	N/A
以色列	315.99	204.52	151.97	149.52	138.34	127.75	116.60	111.68
意大利	2710.07	2227.94	1945.74	1544.11	1390.79	1398.69	1808.54	1722.71
印度	73.78	88.23	90.03	97.06	112.76	131.50	143.43	141.24
印度尼西亚	259.69	305.78	271.32	206.08	199.41	217.93	260.67	262.08
英国	18884.32	16979.13	13531.10	11204.26	10224.80	9246.99	9013.15	8558.06
越南	99.17	110.87	201.15	360.34	391.99	231.17	252.81	N/A
赞比亚	262.14	281.09	199.48	211.07	212.75	177.00	208.52	N/A

数据来源：WDI。

表 16　　经常账户余额/GDP

国家/年份	2007	2008	2009	2010	2011	2012	2013	2014
阿根廷	2.23	1.66	2.20	0.29	-0.41	-0.19	-0.75	-0.94
阿联酋	7.62	7.07	3.10	2.53	14.67	21.44	17.75	13.61
埃及	0.32	-0.87	-1.77	-2.06	-2.32	-2.65	-1.28	-2.03
埃塞俄比亚	-4.20	-6.67	-6.75	-1.42	-2.45	-6.89	-6.18	N/A
安哥拉	17.50	8.55	-10.03	9.10	12.57	12.01	6.72	N/A
澳大利亚	-7.52	-4.94	-5.28	-3.92	-3.21	-4.43	-3.22	-2.78
巴基斯坦	-5.45	-9.20	-2.37	-0.76	-1.05	-1.04	-1.90	-1.44
巴西	0.11	-1.66	-1.46	-2.14	-2.01	-2.25	-3.39	-4.43
白俄罗斯	-6.65	-8.16	-12.46	-14.99	-8.46	-2.93	-10.35	-6.69
保加利亚	-26.21	-22.27	-8.49	-1.64	0.24	-0.95	1.77	0.83
波兰	-6.18	-6.59	-3.93	-5.64	-5.15	-3.55	-1.33	-1.14
德国	6.79	5.63	5.82	5.67	6.08	6.82	6.50	7.54
俄罗斯	5.55	6.26	4.12	4.42	5.11	3.54	1.67	3.20
法国	-0.33	-0.96	-0.82	-0.83	-1.03	-1.56	-1.43	-1.02
菲律宾	5.40	0.08	5.02	3.60	2.52	2.78	4.18	4.45
哈萨克斯坦	-7.97	4.69	-3.56	0.95	5.42	0.53	-0.05	2.19
韩国	1.05	0.32	3.72	2.64	1.55	4.16	6.22	6.33
荷兰	6.30	4.08	4.85	6.91	8.44	8.94	10.20	10.93
吉尔吉斯斯坦	-5.99	-13.88	-4.31	-6.61	-9.57	-25.36	-22.96	-24.15
加拿大	0.78	0.22	-2.94	-3.51	-2.67	-3.27	-2.97	-2.20
柬埔寨	-4.93	-7.92	-3.82	-3.65	-3.71	-7.39	-10.56	-9.75
捷克	-4.21	-1.87	-2.37	-3.55	-2.21	-1.53	-0.53	0.65
肯尼亚	-3.23	-5.52	-4.56	-5.92	-9.13	-8.44	-8.87	-10.40
老挝	3.30	1.42	-1.04	0.41	-2.49	-4.41	-3.36	-10.01
罗马尼亚	-13.53	-11.61	-4.23	-4.40	-4.56	-4.42	-0.94	-0.46
马来西亚	15.38	16.86	15.72	10.91	11.58	6.11	3.75	4.14
美国	-4.96	-4.67	-2.64	-2.97	-2.96	-2.85	-2.39	-2.36
蒙古	4.06	-12.27	-7.46	-12.32	-26.52	-27.35	-25.44	-11.69
孟加拉国	1.40	1.36	3.74	1.01	0.30	2.41	1.58	-0.87

续表

国家/年份	2007	2008	2009	2010	2011	2012	2013	2014
缅甸	5.93	3.61	2.59	3.17	-2.78	-1.69	-1.92	N/A
墨西哥	-1.41	-1.83	-0.93	-0.47	-1.14	-1.34	-2.35	-2.07
南非	-5.40	-5.72	-2.67	-1.46	-2.18	-4.95	-5.79	-5.46
尼日利亚	16.61	14.01	8.18	3.92	3.05	4.42	3.91	1.09
日本	4.86	2.93	2.89	3.96	2.14	0.99	0.69	0.53
沙特阿拉伯	22.45	25.46	4.88	12.67	23.68	22.45	18.20	10.88
斯里兰卡	-4.33	-9.54	-0.51	-2.17	-7.80	-6.75	-3.91	-2.69
苏丹	-7.84	-6.59	-9.27	-2.63	-1.99	-9.96	-6.74	-6.57
塔吉克斯坦	-13.31	0.92	-3.62	-6.55	-2.63	-3.24	-2.39	-6.92
泰国	6.35	0.81	8.30	3.12	2.58	-0.40	-0.98	3.51
土耳其	-5.84	-5.50	-1.95	-6.20	-9.68	-6.15	-7.85	-5.75
土库曼斯坦	31.87	18.47	-14.75	-10.60	1.99	0.04	-3.26	N/A
委内瑞拉	6.94	10.19	0.69	2.24	7.71	2.89	1.43	N/A
乌克兰	-3.68	-7.10	-1.48	-2.21	-6.27	-8.16	-9.01	-4.05
乌兹别克斯坦	7.26	8.97	2.30	6.12	5.80	2.72	2.36	N/A
希腊	-13.99	-14.47	-10.89	-10.10	-9.90	-2.47	0.58	0.93
新加坡	25.97	14.43	16.82	23.66	21.99	17.17	17.89	19.09
新西兰	-6.82	-7.78	-2.50	-2.36	-2.89	-3.96	-3.15	-3.45
匈牙利	-7.18	-6.98	-0.77	0.27	0.81	1.79	3.98	4.08
伊拉克	17.47	21.61	-1.01	4.68	14.07	13.55	N/A	N/A
伊朗	6.69	9.16	6.30	2.24	4.78	10.72	5.32	6.73
以色列	3.13	1.49	3.86	3.37	1.52	0.82	2.37	4.25
意大利	-2.34	-2.81	-1.89	-3.49	-3.07	-0.44	0.94	1.89
印度	-0.65	-2.53	-1.92	-3.19	-3.41	-4.99	-2.64	-1.51
印度尼西亚	2.43	0.02	1.97	0.68	0.19	-2.66	-3.20	-1.75
英国	-2.75	-3.71	-2.76	-2.62	-1.66	-3.74	-4.49	-5.49
越南	-8.98	-10.92	-6.23	-3.69	0.17	5.82	5.53	N/A
赞比亚	-5.04	-5.71	3.80	5.95	2.94	3.08	0.71	-1.48

数据来源：WDI，CEIC。

表 17　　贸易条件

国家/年份	2007	2008	2009	2010	2011	2012	2013
阿根廷	119. 15	116. 36	137. 07	115. 15	108. 42	112. 80	107. 14
阿联酋	94. 71	83. 90	89. 92	91. 11	104. 51	106. 90	104. 66
埃及	143. 18	149. 77	141. 78	138. 03	143. 21	117. 38	130. 47
埃塞俄比亚	57. 06	50. 23	54. 77	70. 30	83. 88	62. 99	64. 88
安哥拉	124. 73	116. 91	69. 15	116. 51	127. 71	115. 04	107. 77
澳大利亚	95. 75	104. 71	104. 45	118. 10	124. 25	110. 05	116. 89
巴基斯坦	65. 86	57. 78	66. 59	68. 15	69. 40	66. 95	67. 71
巴西	134. 96	115. 47	121. 77	112. 16	114. 97	110. 58	102. 88
白俄罗斯	99. 84	97. 61	88. 00	85. 53	106. 79	117. 14	102. 19
保加利亚	83. 36	81. 72	93. 50	109. 06	116. 77	110. 03	116. 01
波兰	130. 61	126. 07	141. 05	138. 54	138. 38	143. 82	153. 30
德国	112. 84	109. 96	108. 94	107. 54	105. 84	108. 84	110. 26
俄罗斯	67. 73	69. 02	67. 56	68. 82	68. 85	67. 39	64. 92
法国	91. 77	88. 94	89. 42	88. 68	85. 70	87. 24	88. 10
菲律宾	84. 61	78. 99	81. 47	85. 64	73. 75	77. 52	80. 77
哈萨克斯坦	83. 38	107. 43	86. 96	110. 26	130. 70	106. 65	96. 56
韩国	96. 98	90. 32	104. 82	102. 18	98. 63	98. 23	101. 12
荷兰	104. 67	102. 81	105. 19	104. 11	104. 26	103. 70	105. 24
吉尔吉斯斯坦	51. 75	49. 77	60. 11	59. 65	50. 56	38. 50	32. 22
加拿大	95. 41	96. 40	84. 78	85. 15	86. 14	84. 83	85. 47
柬埔寨	104. 73	100. 78	100. 27	105. 52	100. 43	99. 27	97. 52
捷克共和国	113. 93	113. 58	118. 17	115. 39	117. 71	122. 05	123. 71
肯尼亚	81. 31	80. 49	78. 36	76. 56	69. 73	67. 37	64. 11
老挝	140. 16	126. 10	116. 76	137. 35	149. 75	149. 04	145. 29
罗马尼亚	72. 71	74. 42	94. 30	100. 80	104. 04	104. 03	113. 26
马来西亚	100. 45	106. 42	106. 02	100. 67	101. 52	96. 67	92. 46
美国	91. 53	95. 57	105. 95	104. 56	105. 21	106. 59	109. 08
蒙古	102. 32	80. 54	102. 38	101. 44	83. 73	74. 63	77. 11
孟加拉国	93. 11	89. 56	96. 05	95. 92	93. 83	102. 26	111. 26

续表

国家/年份	2007	2008	2009	2010	2011	2012	2013
缅甸	280. 07	236. 74	224. 22	266. 29	149. 89	141. 48	129. 94
墨西哥	101. 02	98. 71	102. 60	103. 73	104. 44	105. 08	104. 90
南非	78. 14	78. 72	82. 49	93. 43	86. 66	77. 86	75. 30
尼日利亚	79. 51	71. 82	69. 58	78. 96	84. 64	93. 76	74. 25
日本	90. 90	81. 14	83. 30	87. 82	76. 20	71. 38	67. 96
沙特阿拉伯	100. 80	106. 11	78. 44	91. 60	108. 03	97. 28	89. 42
斯里兰卡	79. 23	70. 07	84. 55	73. 64	58. 42	56. 56	63. 62
苏丹	86. 96	107. 25	73. 23	97. 57	90. 16	N/A	N/A
塔吉克斯坦	51. 42	37. 01	33. 81	38. 68	33. 71	30. 91	23. 88
泰国	98. 71	89. 07	102. 36	94. 89	87. 36	82. 34	81. 84
土耳其	123. 78	128. 28	142. 22	120. 44	109. 92	126. 48	118. 38
土库曼斯坦	175. 90	152. 02	52. 40	81. 27	121. 91	118. 78	128. 28
委内瑞拉	73. 41	91. 08	67. 05	81. 52	93. 50	77. 80	78. 36
乌克兰	77. 88	74. 97	83. 76	80. 94	79. 38	77. 54	78. 78
乌兹别克斯坦	121. 25	106. 28	113. 91	128. 85	121. 17	89. 18	91. 32
希腊	85. 54	81. 19	83. 98	119. 01	143. 32	159. 97	167. 29
新加坡	111. 05	103. 25	107. 19	110. 54	109. 31	105. 01	107. 38
新西兰	89. 48	91. 26	99. 99	105. 18	104. 12	100. 02	102. 12
匈牙利	113. 92	113. 66	121. 81	123. 57	125. 11	124. 18	123. 67
伊拉克	124. 32	120. 35	70. 71	77. 46	112. 85	108. 80	95. 16
伊朗	95. 48	95. 76	75. 09	74. 91	103. 36	88. 09	80. 93
以色列	109. 95	108. 80	116. 73	114. 52	107. 29	100. 50	106. 57
意大利	96. 98	95. 88	97. 31	91. 17	92. 96	101. 85	107. 67
印度	79. 59	73. 78	77. 95	78. 57	79. 29	73. 85	81. 52
印度尼西亚	84. 49	72. 96	85. 04	77. 86	75. 96	66. 00	65. 30
英国	85. 95	88. 52	83. 37	85. 81	91. 23	83. 49	100. 87
越南	83. 86	84. 07	88. 36	92. 17	98. 26	108. 96	108. 25
赞比亚	114. 67	100. 26	111. 98	134. 65	124. 78	106. 02	103. 66

数据来源：WDI。

表 18 **银行不良贷款/贷款比重**

国家/年份	2007	2008	2009	2010	2011	2012	2013	2014
阿根廷	3.24	3.11	3.47	2.12	1.40	1.73	1.73	2.03
阿联酋	2.90	2.30	4.30	5.60	7.20	8.40	7.30	6.50
埃及	19.30	14.80	13.40	13.60	10.90	9.80	9.30	8.90
埃塞俄比亚	N/A	N/A	N/A	N/A	N/A	N/A	N/A	N/A
安哥拉	N/A	N/A	N/A	N/A	N/A	N/A	N/A	N/A
澳大利亚	0.56	1.26	2.00	2.13	1.96	1.82	1.47	1.10
巴基斯坦	7.44	9.13	12.15	14.75	16.21	14.47	12.99	12.27
巴西	2.98	3.11	4.21	3.11	3.47	3.45	2.86	2.85
白俄罗斯	1.90	1.70	4.20	3.55	4.16	5.50	4.45	4.37
保加利亚	2.10	2.40	6.42	11.92	14.97	16.63	16.88	16.75
波兰	5.20	2.82	4.29	4.91	4.66	5.20	4.98	4.89
德国	2.65	2.85	3.31	3.20	3.03	2.86	2.69	N/A
俄罗斯	2.50	3.80	9.53	8.23	6.59	6.03	6.00	6.73
法国	2.70	2.82	4.02	3.76	4.29	4.29	4.50	N/A
菲律宾	5.80	4.65	3.49	3.38	2.56	2.22	2.44	2.02
哈萨克斯坦	2.70	7.09	21.16	23.75	30.80	28.25	31.35	23.55
韩国	0.70	0.57	0.58	0.59	0.48	0.59	0.57	0.62
荷兰	N/A	1.68	3.20	2.83	2.71	3.10	3.23	3.15
吉尔吉斯斯坦	3.60	5.30	8.20	15.80	10.20	7.20	5.50	4.50
加拿大	0.43	0.76	1.27	1.19	0.84	0.65	0.57	0.52
柬埔寨	N/A	N/A	N/A	N/A	N/A	N/A	N/A	N/A
捷克	2.37	2.81	4.58	5.39	5.22	5.24	5.20	5.59
肯尼亚	10.23	9.01	8.00	6.29	4.43	4.59	5.05	5.46
老挝	N/A	N/A	N/A	N/A	N/A	N/A	N/A	N/A
罗马尼亚	2.59	2.75	7.89	11.85	14.33	18.24	21.87	15.33
马来西亚	6.50	4.81	3.63	3.35	2.68	2.02	1.85	1.65
美国	1.40	2.97	5.00	4.40	3.80	3.30	2.45	1.98
蒙古	N/A	N/A	N/A	N/A	N/A	N/A	N/A	N/A
孟加拉国	14.50	N/A	N/A	N/A	5.85	9.73	8.64	N/A

续表

国家/年份	2007	2008	2009	2010	2011	2012	2013	2014
缅甸	N/A	N/A	N/A	N/A	N/A	N/A	N/A	N/A
墨西哥	2.40	2.97	2.81	2.04	2.12	2.44	3.24	2.99
南非	1.40	3.92	5.94	5.79	4.68	4.04	3.64	3.27
尼日利亚	N/A	6.25	37.25	20.14	5.77	3.71	3.39	3.72
日本	1.50	2.40	2.40	2.45	2.43	2.43	2.34	1.93
沙特阿拉伯	2.10	1.40	3.29	2.97	2.22	1.67	1.31	1.08
斯里兰卡	N/A	N/A	N/A	N/A	3.82	3.63	5.58	4.23
苏丹	N/A	N/A	N/A	N/A	N/A	N/A	N/A	N/A
塔吉克斯坦	4.80	5.40	9.65	7.48	7.22	9.51	13.59	21.21
泰国	7.90	5.70	5.22	3.89	2.93	2.43	2.30	2.51
土耳其	3.32	3.44	4.97	3.49	2.58	2.74	2.64	2.80
土库曼斯坦	N/A	N/A	0.09	0.06	0.01	0.01	N/A	N/A
委内瑞拉	1.20	N/A	3.00	3.40	1.40	0.90	0.70	0.84
乌克兰	48.12	3.88	13.70	15.27	14.73	16.54	12.89	18.98
乌兹别克斯坦	2.80	3.00	1.20	0.97	0.71	0.53	0.41	0.40
希腊	4.60	4.67	6.95	9.12	14.43	23.27	31.90	34.25
新加坡	1.50	1.43	2.03	1.41	1.06	1.04	0.87	0.76
新西兰	0.30	0.90	1.70	2.10	1.70	1.40	1.00	0.90
匈牙利	2.30	2.98	8.24	10.04	13.68	16.04	16.83	15.62
伊拉克	N/A	N/A	N/A	N/A	N/A	N/A	N/A	N/A
伊朗	N/A	N/A	N/A	N/A	N/A	N/A	N/A	N/A
以色列	1.50	1.50	1.40	3.10	3.42	3.50	2.90	2.35
意大利	5.78	6.28	9.45	10.03	11.74	13.75	16.54	17.26
印度	2.70	2.45	2.21	2.39	2.67	3.37	4.03	4.35
印度尼西亚	4.00	3.19	3.29	2.53	2.14	1.77	1.69	2.07
英国	0.90	1.56	3.51	3.95	3.96	3.59	3.11	2.65
越南	N/A	2.15	1.80	2.09	2.79	3.44	N/A	N/A
赞比亚	N/A	N/A	N/A	14.82	10.38	8.11	6.96	N/A

数据来源：WDI。

表 19　　扮演国际储备货币的重要程度

国家	2014 年
阿根廷	0
阿联酋	0
埃及	0
埃塞俄比亚	0
安哥拉	0
澳大利亚	0.6
巴基斯坦	0
巴西	0
白俄罗斯	0
保加利亚	0
波兰	0
德国	0.8
俄罗斯	0
法国	0.8
菲律宾	0
哈萨克斯坦	0
韩国	0.2
荷兰	0.4
吉尔吉斯斯坦	0
加拿大	0.6
柬埔寨	0
捷克	0
肯尼亚	0
老挝	0
罗马尼亚	0
马来西亚	0
美国	1
蒙古	0
孟加拉	0

续表

国家	2014 年
缅甸	0
墨西哥	0
南非	0
尼日利亚	0
日本	0.8
沙特阿拉伯	0
斯里兰卡	0
苏丹	0
塔吉克斯坦	0
泰国	0
土耳其	0
土库曼斯坦	0
委内瑞拉	0
乌克兰	0
乌兹别克斯坦	0
希腊	0
新加坡	0.2
新西兰	0.4
匈牙利	0
伊拉克	0
伊朗	0
以色列	0
意大利	0.4
印度	0
印度尼西亚	0
英国	0.8
越南	0
赞比亚	0

数据来源：德尔菲法。

表 20 内部冲突

国家/年份	2007	2008	2009	2010	2011	2012	2013	2014
阿根廷		4		4		4		4
阿联酋		3		2		3		3
埃及		6		6		6		7
埃塞俄比亚		8		8		8		7
安哥拉		7		7		7		6
澳大利亚								1
巴基斯坦		8		8		8		8
巴西		5		5		5		5
白俄罗斯		6		6		6		6
保加利亚		4		4		4		4
波兰		2		2		2		2
德国								1
俄罗斯		5		5		5		5
法国								1
菲律宾		6		6		6		6
哈萨克斯坦		5		5		5		5
韩国		1		1		1		1
荷兰								1
吉尔吉斯斯坦		7		7		7		7
加拿大								1
柬埔寨		8		8		8		8
捷克		1		1		1		1
肯尼亚		8		7		7		7
老挝		7		7		7		6
罗马尼亚		4		4		4		4
马来西亚		4		4		4		4
美国								1
蒙古		8		8		8		8
孟加拉国		7		7		7		7

续表

国家/年份	2007	2008	2009	2010	2011	2012	2013	2014
缅甸		9		9		9		9
墨西哥		5		5		6		6
南非		6		6		6		7
尼日利亚		9		8		8		8
日本								1
沙特阿拉伯		4		4		4		4
斯里兰卡		6		6		6		6
苏丹		8		8		9		9
塔吉克斯坦		8		8		8		8
泰国		4		5		5		5
土耳其		3		3		3		4
土库曼斯坦		5		5		5		5
委内瑞拉		3		4		4		4
乌克兰		5		5		5		5
乌兹别克斯坦		7		7		7		7
希腊								1
新加坡		1		1		1		1
新西兰								1
匈牙利		1		1		1		1
伊拉克		9		9		9		9
伊朗		8		7		6		6
以色列								3
意大利								1
印度		6		6		6		5
印度尼西亚		5		6		6		6
英国								1
越南		5		5		5		5
赞比亚		8		7		7		7

数据来源：BTI。

注：由于相关部门数据不全，所以某些年份数据缺失。

表 21 环境政策

国家/年份	2007	2008	2009	2010	2011	2012	2013	2014
阿根廷		5		5		5		5
阿联酋		4		5		4		5
埃及		3		4		4		4
埃塞俄比亚		4		3		3		4
安哥拉		2		3		4		3
澳大利亚								10
巴基斯坦		3		5		5		4
巴西		6		6		7		7
白俄罗斯		6		6		6		6
保加利亚		8		8		8		8
波兰		8		8		8		8
德国								10
俄罗斯		4		3		3		3
法国								10
菲律宾		5		6		6		7
哈萨克斯坦		5		6		5		5
韩国		8		8		8		8
荷兰								10
吉尔吉斯斯坦		4		4		4		3
加拿大								10
柬埔寨		3		3		3		3
捷克		9		9		9		9
肯尼亚		4		4		4		4
老挝		4		4		4		4
罗马尼亚		8		8		8		8
马来西亚		6		6		6		6
美国								10
蒙古		4		4		4		5
孟加拉国		4		5		6		6

续表

国家/年份	2007	2008	2009	2010	2011	2012	2013	2014
缅甸		1		1		1		3
墨西哥		6		6		6		6
南非		8		7		7		7
尼日利亚		3		3		3		3
日本								10
沙特阿拉伯		3		4		4		4
斯里兰卡		5		5		5		5
苏丹		2		2		2		2
塔吉克斯坦		3		3		3		3
泰国		6		6		6		6
土耳其		5		5		5		5
土库曼斯坦		3		3		3		3
委内瑞拉		3		3		3		3
乌克兰		5		5		5		5
乌兹别克斯坦		4		3		3		4
希腊								10
新加坡		9		9		8		8
新西兰								10
匈牙利		9		9		8		8
伊拉克		1		1		2		2
伊朗		3		3		4		3
以色列								10
意大利								10
印度		5		5		5		5
印度尼西亚		4		4		4		4
英国								10
越南		3		5		6		6
赞比亚		4		4		3		3

数据来源：BTI。

表22 资本和人员流动的限制

国家/年份	2007	2008	2009	2010	2011	2012	2013	2014
阿根廷	4.6	4.6	3.9	3.6	3.4	3.1	3.2	3.2
阿联酋	5.4	5.7	5.5	5.3	5.5	5.7	5.6	5.6
埃及	4.5	4.4	3.6	3.6	3.5	3.3	3.4	3.4
埃塞俄比亚	2.3	1.9	1.4	1.7	1.5	1.6	1.6	1.6
安哥拉	2.2	0.4	1.5	2.5	2.5	1.9	2.1	2.1
澳大利亚	3.3	3.2	3.2	3	3.5	4	3.8	3.8
巴基斯坦	3	2.4	2.3	2.3	2.3	2.3	2.3	2.3
巴西	5.6	5.4	5.1	5.2	5.2	5	5.1	5.1
白俄罗斯							4.6	4.6
保加利亚	6.6	6.5	6.4	6.4	6.1	6.1	6.1	6.1
波兰	5.1	5.3	4.7	4.6	4.6	4.7	4.7	4.7
德国	6	6	5.9	5.6	5.6	5.6	5.6	5.6
俄罗斯	3	2.9	3.5	3.8	3.8	3.9	3.9	3.9
法国	6.7	6.6	6.6	6.4	6.3	6.2	6.3	6.3
菲律宾	2.3	2.2	2.2	2.3	2.4	2.3	2.3	2.3
哈萨克斯坦	2.4	2.1	2.1	2.6	2.6	2.5	2.5	2.5
韩国	7.3	6.9	7.6	7.8	7.6	7.5	7.6	7.6
荷兰	7.9	7.8	7.7	7.7	7.7	7.7	7.7	7.7
吉尔吉斯斯坦	6.1	6	4.4	4.4	4.5	4.7	4.6	4.6
加拿大	6.7	6.7	6.7	6.6	6.6	6.5	6.5	6.5
柬埔寨				4.5	4.5	4.6	4.6	4.6
捷克	5.8	5.7	5.6	5.5	5.6	6.9	6.4	6.4
肯尼亚	5.1	4.7	4.7	4.5	4.4	4.3	4.4	4.4
老挝							2.6	2.6
罗马尼亚	7.2	7.0	6.7	6.6	6.4	6.4	6.4	6.4
马来西亚	6.0	5.7	5.6	6	6	5.9	5.9	5.9
美国	5.9	5.7	4.8	4.8	4.8	4.8	4.8	4.8
蒙古	2.6	2.6	4.1	4.3	4.4	4.3	4.3	4.3
孟加拉国	2.3	1.6	1.5	2	2	1.8	1.9	1.9

续表

国家/年份	2007	2008	2009	2010	2011	2012	2013	2014
缅甸						1.3	1.3	1.3
墨西哥	4.5	4.3	4.3	4.2	4.3	4.2	4.2	4.2
南非	5.3	4.9	4.9	5.2	5.2	5.1	5.1	5.1
尼日利亚	4.2	3.6	3.5	3.7	3.7	3.8	3.8	3.8
日本	5.6	5.6	5.6	5.5	5.5	5.8	5.7	5.7
沙特阿拉伯				3	2.9	2.6	2.7	2.7
斯里兰卡	5.4	4.9	4.9	5.1	5.2	5.2	5.2	5.2
苏丹							3.7	3.7
塔吉克斯坦				2.2	2.7	2.7	2.7	2.7
泰国	3.2	2.8	2.9	3.1	3.2	3.1	3.1	3.1
土耳其	6.3	6.1	6.4	6.3	6	6	6	6
土库曼斯坦							3.3	3.3
委内瑞拉	4.5	4.3	3.5	3.5	3.4	3.3	3.4	3.4
乌克兰	3.3	3.0	3.1	2.9	2.8	2.8	2.8	2.8
乌兹别克斯坦							3.3	3.3
希腊	5.6	5.6	5.5	5.1	5.0	5.0	5.0	5.0
新加坡	8.5	8.3	8.5	8.6	8.5	8.5	8.5	8.5
新西兰	7.0	7.1	7.1	6.8	6.8	6.6	6.7	6.7
匈牙利	6.1	6	6	5.9	5.7	5.6	5.7	5.7
伊拉克							0.9	0.9
伊朗	0	0	1.0	1.0	1.0	0.9	0.9	0.9
以色列	8.2	7.8	7.8	7.6	7.1	6.6	6.9	6.9
意大利	6.5	6.4	6.3	6.2	6.0	5.8	5.9	5.9
印度	2.5	2.2	2.0	2.2	2.1	2.0	2.1	2.1
印度尼西亚	3.3	3.0	3.1	2.9	2.9	2.9	2.9	2.9
英国	8.6	8.4	8.6	8.5	8.3	8.3	8.3	8.3
越南	2.4	2.0	1.9	2.2	2.2	2.4	2.3	2.3
赞比亚	7.0	6.8	6.6	6.8	6.7	6.6	6.7	6.7

数据来源：EFW。

表 23 劳动力市场管制

国家/年份	2007	2008	2009	2010	2011	2012	2014
阿根廷	5.2	5.2	5.3	5.4	5.3	5.3	5.3
阿联酋	7.4	7.5	7.2	8.5	8.5	8.4	8.4
埃及	4.9	5.0	5.0	5.0	4.9	4.9	4.9
埃塞俄比亚	7.1	7.1	7.6	7.6	7.5	7.4	7.5
安哥拉	4.0	3.0	3.9	4.0	3.1	2.8	3.0
澳大利亚	8.6	8.5	8.4	7.7	7.3	6.7	7.0
巴基斯坦	5.6	5.6	5.6	5.8	5.9	5.8	5.8
巴西	4.0	3.5	4.4	4.5	4.6	4.5	4.5
白俄罗斯							7.4
保加利亚	7.8	7.7	7.8	7.7	7.7	7.2	7.4
波兰	6.6	6.5	7.5	7.4	7.7	7.7	7.7
德国	3.9	3.9	5.3	5.4	6.3	6.4	6.3
俄罗斯	5.9	6.1	6.1	5.9	6.0	6.1	6.1
法国	5.4	5.6	5.9	5.9	5.9	5.9	5.9
菲律宾	5.9	5.9	6.0	6.1	6.1	6.1	6.1
哈萨克斯坦	7.0	6.9	7.2	7.1	7.1	7.6	7.4
韩国	4.3	4.0	4.4	4.7	4.7	4.7	4.7
荷兰	6.6	6.7	6.7	6.7	6.8	6.8	6.8
吉尔吉斯斯坦	6.2	6.2	6.4	6.5	6.4	6.1	6.2
加拿大	8.3	8.3	8.5	8.5	8.5	8.5	8.5
柬埔寨				7.3	7.4	7.5	7.5
捷克	7.8	7.7	7.6	7.5	7.6	8.1	7.9
肯尼亚	7.7	7.7	7.8	7.6	7.6	8.1	7.9
老挝							6.0
罗马尼亚	6.7	6.7	7.0	6.9	7.0	7.4	7.2
马来西亚	7.6	7.6	7.8	7.9	8.0	7.9	7.9
美国	9.2	9.2	9.1	9.1	9.0	9.0	9.0
蒙古	6.7	6.9	7.2	7.2	7.2	7.0	7.1
孟加拉国	6.3	6.4	6.5	6.7	6.6	6.5	6.6

续表

国家/年份	2007	2008	2009	2010	2011	2012	2014
缅甸						4.9	4.9
墨西哥	5.6	5.5	5.5	5.4	5.5	5.5	5.5
南非	6.1	6.1	6.1	6.1	6.0	5.8	5.9
尼日利亚	8.3	8.3	8.4	8.0	7.8	7.9	7.9
日本	8.4	8.2	8.4	8.3	8.3	8.4	8.4
沙特阿拉伯				8.2	8.1	8.0	8.1
斯里兰卡	6.9	6.8	6.5	6.4	6.4	6.4	6.4
苏丹							6.5
塔吉克斯坦				5.2	5.2	5.2	5.2
泰国	5.6	5.6	5.7	5.0	5.0	4.9	4.9
土耳其	4.2	4.4	4.8	4.9	5.0	5.0	5.0
土库曼斯坦							6.3
委内瑞拉	3.0	3.1	4.5	3.6	3.5	3.3	3.4
乌克兰	6.2	6.3	6.1	6.0	6.1	5.8	5.9
乌兹别克斯坦							6.3
希腊	4.7	4.4	4.5	4.5	4.3	4.5	4.4
新加坡	7.7	7.7	7.8	7.7	7.7	7.7	7.7
新西兰	8.4	8.5	8.5	8.5	8.7	8.7	8.7
匈牙利	7.0	7.1	7.3	7.3	6.8	6.8	6.9
伊拉克							4.6
伊朗	4.5	4.8	4.6	4.6	4.7	4.6	4.6
以色列	4.8	4.8	5.3	5.3	5.2	5.2	5.2
意大利	6.2	6.3	6.8	6.5	7.0	6.9	6.9
印度	7.3	7.3	7.9	8.1	8.0	8.1	8.1
印度尼西亚	5.3	5.1	4.8	4.7	4.7	4.8	4.8
英国	7.9	8.0	8.2	8.3	8.3	8.3	8.3
越南	5.2	5.4	5.7	5.5	5.6	5.5	5.5
赞比亚	6.3	6.3	6.5	6.3	6.4	6.4	6.4

数据来源：EFW。

表 24 商业管制

国家/年份	2007	2008	2009	2010	2011	2012	2014
阿根廷	5.1	5.2	5.2	5.1	5.1	4.9	5.0
阿联酋	7.4	7.7	7.6	7.7	7.9	7.9	7.9
埃及	5.3	5.9	6.1	5.9	5.9	6.1	6.0
埃塞俄比亚	6.2	6.4	6.5	6.5	6.0	6.1	6.1
安哥拉	4.7	5.9	5.0	5.2	5.2	5.7	5.5
澳大利亚	6.7	6.7	6.7	6.7	6.8	6.7	6.7
巴基斯坦	5.3	5.4	5.4	5.5	5.5	5.4	5.4
巴西	3.5	3.9	3.6	3.6	3.6	3.6	3.6
白俄罗斯							5.9
保加利亚	5.3	5.6	5.7	5.9	6.1	6.2	6.1
波兰	5.3	5.5	5.6	5.7	5.7	6.1	5.9
德国	6.5	6.5	6.5	6.5	6.6	6.6	6.6
俄罗斯	4.4	4.7	4.5	5.3	5.7	6.0	5.8
法国	6.4	6.4	6.5	6.3	6.3	6.2	6.2
菲律宾	5.8	5.8	5.7	6.2	6.4	6.5	6.4
哈萨克斯坦	5.7	6.1	6.1	6.4	6.6	6.8	6.7
韩国	6.7	6.6	6.6	6.5	6.6	6.7	6.7
荷兰	6.4	6.4	6.5	6.7	6.9	6.9	6.9
吉尔吉斯斯坦	6.2	6.4	6.5	6.5	6.5	6.5	6.5
加拿大	7.1	7.1	7.1	7.1	6.8	6.5	6.7
柬埔寨				5.5	5.6	5.3	5.4
捷克	4.6	7.2	5.2	5.2	5.6	5.5	5.5
肯尼亚	7.9	5.7	5.6	5.7	5.9	6.1	6.0
老挝							5.4
罗马尼亚	6.5	6.4	6.4	6.1	6.0	6.1	6.1
马来西亚	6.6	6.5	6.4	6.6	7.0	7.1	7.0
美国	6.8	6.8	6.8	6.7	6.7	6.7	6.7
蒙古	6.2	6.3	6.2	6.2	6.4	6.5	6.4
孟加拉国	5.2	5.4	5.7	5.9	5.9	5.9	5.9

续表

国家/年份	2007	2008	2009	2010	2011	2012	2014
缅甸						4.6	4.6
墨西哥	5.5	5.7	6.0	6.1	6.2	6.2	6.2
南非	6.4	6.4	6.2	6.2	6.2	6.4	6.3
尼日利亚	4.0	4.1	4.1	4.9	5.0	4.0	4.4
日本	6.5	6.3	6.1	6.0	6.1	6.1	6.1
沙特阿拉伯				7.6	7.3	7.2	7.3
斯里兰卡	5.7	5.6	5.8	6.2	6.3	6.3	6.3
苏丹							5.7
塔吉克斯坦				6.1	6.2	6.2	6.2
泰国	6.2	6.3	6.3	6.3	6.2	6.2	6.2
土耳其	6.3	6.3	6.3	6.2	6.5	6.6	6.5
土库曼斯坦							6.5
委内瑞拉	3.5	3.6	3.7	3.7	3.7	3.6	3.6
乌克兰	3.8	4.1	4.2	4.2	4.6	5.9	5.3
乌兹别克斯坦							6.5
希腊	6.1	6.0	6.1	6.0	6.2	6.3	6.2
新加坡	8.0	8.0	8.0	8.0	7.9	7.9	7.9
新西兰	7.5	7.6	7.4	7.4	7.4	7.4	7.4
匈牙利	5.7	5.6	5.8	6.0	6.0	6.1	6.1
伊拉克							5.7
伊朗	6.4	6.9	5.7	5.7	5.8	5.7	5.7
以色列	6.4	6.6	6.5	6.4	6.3	6.3	6.3
意大利	5.5	5.5	5.6	6.4	5.5	5.5	5.6
印度	4.9	5.0	5.3	5.3	5.5	5.2	5.3
印度尼西亚	5.7	6.0	6.0	6.1	6.1	6.2	6.2
英国	6.7	6.8	6.8	6.8	6.9	7.0	7.0
越南	4.7	4.7	4.8	4.8	5.2	5.2	5.2
赞比亚	6.2	6.3	5.8	6.0	6.2	6.9	6.6

数据来源：EFW。

表 25　　平均受教育年限

国家/年份	2007	2008	2009	2010	2011	2012	2013	2014
阿根廷	5.1	5.2	5.3	5.4	5.5	6.4		6.4
阿联酋								7.5
埃及			4.4	4.5	5.1	5.2	5.3	5.3
埃塞俄比亚								2.7
安哥拉		1.7	1.8	2.1	1.9			1.9
澳大利亚	7.4	7.4	7.5	7.5	7.7	7.8	7.8	7.8
巴基斯坦	2.3	2.3	2.3	2.4	2.4	2.6	2.7	2.7
巴西								5.5
白俄罗斯		7.4	7.4	7.3	7.3	7.3	7.3	7.3
保加利亚	7.3	7.2	7.1	7.2	7.3	7.3	7.7	7.7
波兰	5.9	5.8	5.8	5.8	5.8	5.8	6.3	6.3
德国	8.9	8.9	8.9	8.9	9.0	8.9	8.9	8.9
俄罗斯	6.1	6.1	6.2		6.6	6.8	6.9	6.9
法国	7.7	7.7	7.6	7.7	7.7	7.7	7.6	7.6
菲律宾	3.3	3.4	3.4				3.5	3.5
哈萨克斯坦						7.2	7.1	7.1
韩国	5.8	5.8	5.8	5.8	5.8		5.8	5.9
荷兰	7.2	7.3	7.2	7.3	7.7	7.7	7.8	7.8
吉尔吉斯斯坦	6.1	6.0	6.0	6.0	6.2		6.2	6.2
加拿大	6.1	6.1	6.2	6.1	6.2	6.7		6.7
柬埔寨	2.6	2.8						2.8
捷克	7.5	7.3	7.6	7.8	7.9	8.0	8.0	8.0
肯尼亚	3.2	3.6	3.6			4.1		4.1
老挝	2.6	2.6	2.6	2.7	3.1	3.3	3.5	3.5
罗马尼亚	7.1	7.4	7.5	7.5	7.6	7.5		7.5
马来西亚	4.6	4.6	4.6	4.7	4.7	5.0		5.0
美国	5.7	5.7	5.7	5.6	5.6	5.6	5.6	5.6
蒙古			5.7	5.3				5.3
孟加拉国	3.2	3.1	3.4	3.5	3.5	3.8		3.8

续表

国家/年份	2007	2008	2009	2010	2011	2012	2013	2014
缅甸	2.8	3.0	3.0	3.0				3.0
墨西哥	5.0	5.1	5.1	5.1	5.1	5.2	5.4	5.4
南非	4.7	4.6	4.7	4.8	4.9	5.1	5.5	5.5
尼日利亚	1.9	2.1	2.4	2.7				2.7
日本	6.0	6.0	6.1	6.1	6.1	6.1		6.1
沙特阿拉伯	5.7		6.2				7.4	7.5
斯里兰卡				7.8	7.9	7.9	7.9	7.9
苏丹	1.8	1.9	2.1	2.1	1.9	2.0		2.0
塔吉克斯坦	5.8	5.8	5.9	5.9	6.0	6.1		6.1
泰国	4.6	4.7	4.8	5.0	5.2	5.2	5.1	5.1
土耳其	5.4	5.3	5.6	5.9	6.2	6.0	8.2	8.2
土库曼斯坦								6.8
委内瑞拉	4.0	4.1	4.1	4.1	4.2	4.3	4.7	4.7
乌克兰	6.5	6.5	6.5	6.6	6.5	6.7	6.8	6.8
乌兹别克斯坦	7.3	7.2	7.3	7.3	7.3			7.3
希腊	6.0			6.6	6.4	6.5		6.5
新加坡								5.9
新西兰	8.3	8.2	8.8	8.3	8.3	8.3	8.2	8.2
匈牙利	7.7	7.8	7.9	8.0	8.1	8.1	8.5	8.5
伊拉克	3.3							3.3
伊朗	5.5	5.7	5.8	5.7	5.8	6.0		6.0
以色列	6.3	6.2	6.1	6.1	6.1	6.1	6.1	6.1
意大利	7.9	7.9	7.9	8.0	8.1	7.9		7.9
印度	4.1	4.3	4.3	4.5	4.8	5.0		5.0
印度尼西亚	4.3	4.3	4.6	4.7	4.9	4.9	5.0	5.0
英国	6.9	7.0	7.2	7.4	6.8	6.7	8.8	8.8
越南								3.2
赞比亚								1.9

数据来源：UNESCO。

表 26 社会安全（每十万人中谋杀死亡人数）

国家/年份	2007	2008	2009	2010	2011	2012	2013	2014
阿根廷	7.1	7.2	7.3	6.8	6.9	7.0		7.0
阿联酋				0.8	0.6	0.8	0.6	0.6
埃及	0.9	1.3	1.2	2.4	3.4			3.4
埃塞俄比亚						8.1		8.1
安哥拉						10.8		10.8
澳大利亚	1.2	1.2	1.2	1.0	1.1	1.1	1.1	1.1
巴基斯坦	6.4	7.2	7.3	7.6	7.9	7.8		7.8
巴西	23.5	23.9	23.0	22.2	23.3	26.5	26.5	26.5
白俄罗斯	6.8	5.7	5.0	5.1	4.0	3.6		3.6
保加利亚	2.3	2.3	2.0	2.0	1.7	1.9	1.5	1.5
波兰	1.4	1.2	1.3	1.1	1.2	1.0	0.8	0.8
德国	0.9	0.9	0.8	0.8	0.8	0.7	0.7	0.7
俄罗斯		11.6	11.1	10.1	9.7	9.2	9.0	9.0
法国	1.6	1.6	1.3	1.3	1.3	1.2	1.2	1.2
菲律宾	6.5	6.4	6.9	9.5	9.1	8.8	9.3	9.3
哈萨克斯坦	10.8	11.6	11.2	9.7	9.9	9.0	7.8	7.8
韩国					0.9	0.8		0.8
荷兰	0.9	0.9	0.9	0.9	0.9	0.9	0.7	0.7
吉尔吉斯斯坦	8.3	8.3	8.0	20.1	9.3	6.5	5.4	5.4
加拿大	1.6	1.7	1.6	1.4	1.5	1.6	1.4	1.4
柬埔寨	3.3	2.5	2.5	2.3	1.8			1.8
捷克	1.2	1.1	0.9	1.0	0.8	1.0	0.9	0.9
肯尼亚	3.4	3.6	5.6	5.5	6.3	6.5	6.6	6.6
老挝						7.2		7.2
罗马尼亚	1.9	2.1	1.8	1.8	1.5	1.7	1.5	1.5
马来西亚	2.4	2.2	2.0	1.9				1.9
美国	5.6	5.4	5.0	4.7	4.7	4.7	3.8	3.8
蒙古	11.3	8.1	8.2	8.8	9.8	7.2	7.5	7.5
孟加拉国	2.6	2.8	2.8	2.6	2.6	2.6	2.8	2.8

续表

国家/年份	2007	2008	2009	2010	2011	2012	2013	2014
缅甸	1.6	1.7	1.6	1.7	2.4	2.5		2.5
墨西哥	7.8	12.2	17.0	21.8	22.8	21.5	18.9	18.9
南非	37.3	36.1	33.1	31.0	29.9	30.7	31.9	31.9
尼日利亚						10.3		10.3
日本	0.5	0.5	0.4	0.4	0.3	0.3	0.3	0.3
沙特阿拉伯						6.2		6.2
斯里兰卡	8.2	9.8	5.3	3.7	3.5	3.2	2.8	2.8
苏丹						6.5		6.5
塔吉克斯坦	2.2	1.6	1.8	2.0	1.9	1.3	1.5	1.5
泰国	6.7	6.0	5.6	5.5	4.9			4.9
土耳其	5.2	4.6	5.2	4.2	4.2	4.3		4.3
土库曼斯坦						4.3		4.3
委内瑞拉	47.6	51.9	48.9	45.0	47.8	53.6		53.6
乌克兰	5.7	5.2	4.7	4.3				4.3
乌兹别克斯坦						3.3		3.3
希腊	1.2	1.3	1.4	1.6	1.7	1.5	1.4	1.4
新加坡	0.4	0.6	0.4	0.4	0.3	0.2	0.3	0.3
新西兰	1.1	1.2	1.5	1.0	0.9	0.9	1.0	1.0
匈牙利	1.5	1.8	1.5	1.6	1.7	1.4	2.7	2.7
伊拉克	65.4	15.1	8.1	8.2	8.0			8.0
伊朗						4.8		4.8
以色列	1.8	1.9	1.8	2.0	2.0	1.7		1.7
意大利	1.1	1.0	1.0	0.9	0.9	0.9	0.8	0.8
印度	3.6	3.6	3.5	3.5	3.6	3.5	3.3	3.3
印度尼西亚		0.6	0.6	0.4	0.6	0.6	0.6	0.6
英国	1.4	1.2	1.2	1.2	1.0	1.0	1.0	1.0
越南	1.3	1.2	1.4	1.5	1.5			1.5
赞比亚		5.6	6.3	6.2				6.2

数据来源：UNODC。

表 27　　　　　　　　　　其他投资风险

国家/年份	2007	2008	2009	2010	2011	2012	2014
阿根廷	6.5	5.5	5.5	5.5	6.5	6.0	6.1
阿联酋							10.7
埃及	6.5	6.5	6.5	6.5	6.0	6.0	6.1
埃塞俄比亚	7.0	7.0	6.0	6.5	6.5	6.5	6.5
安哥拉	8.0	8.0	8.0	8.0	7.5	7.5	7.6
澳大利亚	12.0	12.0	12.0	10.5	10.5	10.5	10.5
巴基斯坦	8.0	7.5	7.5	7.5	7.0	6.5	6.8
巴西	7.5	7.0	7.0	8.0	8.0	7.5	7.7
白俄罗斯	5.5	8.0	8.0	8.0	6.0	6.5	6.5
保加利亚	11.5	11.5	10.5	9.5	8.5	9.0	8.9
波兰	11.0	11.5	11.5	11.5	10.0	9.0	9.6
德国	12.0	11.5	11.5	11.5	10.5	11.0	10.9
俄罗斯	9.5	9.5	9.5	9.5	9.5	8.5	8.9
法国	12.0	11.0	11.0	11.0	8.0	7.5	8.0
菲律宾	9.0	9.0	9.0	9.0	9.5	9.0	9.2
哈萨克斯坦	8.5	10.0	8.0	7.5	7.5	7.5	7.5
韩国	10.0	10.0	10.0	10.0	10.0	10.0	10.0
荷兰	12.0	11.0	11.0	11.0	10.5	9.0	9.7
吉尔吉斯斯坦							6.5
加拿大	12.0	11.5	11.5	11.0	12.0	12.0	11.9
柬埔寨							7.0
捷克	11.5	11.5	11.5	11.5	10.0	8.0	9.0
肯尼亚	9.5	9.5	9.5	9.5	7.0	7.0	7.3
老挝							7.0
罗马尼亚	9.0	9.0	9.0	8.0	8.5	7.5	7.9
马来西亚	9.5	9.5	9.5	9.5	9.5	9.5	9.5
美国	12.0	11.0	12.0	12.0	12.0	12.0	12.0
蒙古	8.0	7.0	7.0	6.5	6.5	6.5	6.5
孟加拉国	7.0	7.0	7.0	7.0	6.0	6.0	6.1

续表

国家/年份	2007	2008	2009	2010	2011	2012	2014
缅甸	2.5	2.5	2.5	2.5	3.0	6.0	4.8
墨西哥	10.5	9.5	9.5	9.5	9.5	9.5	9.5
南非	10.5	10.5	9.5	9.5	9.5	9.5	9.5
尼日利亚	6.0	6.5	6.5	6.5	6.5	6.5	6.5
日本	11.5	11.5	11.5	11.5	11.5	11.0	11.2
沙特阿拉伯	11.0	11.0	11.0	11.0	11.0	10.5	10.7
斯里兰卡	7.5	7.5	8.5	8.5	7.5	7.5	7.6
苏丹	7.5	7.5	7.5	7.5	7.0	7.0	7.1
塔吉克斯坦							6.5
泰国	7.0	7.5	7.5	7.5	8.5	8.5	8.4
土耳其	8.0	7.5	7.5	7.5	7.5	8.0	7.8
土库曼斯坦							6.5
委内瑞拉	2.5	2.5	2.5	2.5	4.0	4.0	3.9
乌克兰	8.0	6.0	6.0	5.5	6.5	6.5	6.4
乌兹别克斯坦							6.5
希腊	10.5	10.5	10.5	7.0	7.5	6.0	6.6
新加坡	12.0	12.0	12.0	12.0	12.0	12.0	12.0
新西兰	12.0	12.0	12.0	12.0	12.0	12.0	12.0
匈牙利	11.0	11.0	10.0	8.5	7.5	7.5	7.6
伊拉克	7.5	7.5	7.5	8.0	8.5	7.5	7.9
伊朗	6.5	6.0	5.0	4.5	4.5	4.5	4.5
以色列	10.0	10.0	10.0	10.0	10.0	10.0	10.0
意大利	11.5	11.5	11.5	11.0	7.5	7.5	7.9
印度	8.5	8.5	8.5	8.5	8.5	7.5	7.9
印度尼西亚	9.0	9.0	9.0	8.0	8.0	7.0	7.4
英国	12.0	10.5	10.5	11.5	8.5	8.5	8.8
越南	9.0	8.0	8.0	8.0	7.0	7.0	7.1
赞比亚	6.0	6.0	6.0	6.0	6.0	6.0	6.0

数据来源：ICRG。

表 28 执政时间（任期还剩几年）

国家/年份	2007	2008	2009	2010	2011	2012	2013	2014
阿根廷	0	3	2	1	0	3	2	1
阿联酋								
埃及	4	3	2	1	0	5	4	3
埃塞俄比亚	3	2	1	0	4	3	2	1
安哥拉	4	3	2	1	0	4	3	2
澳大利亚	0	2	1	0	2	1	0	2
巴基斯坦	2	1	4	3	2	1	4	3
巴西	3	2	1	0	3	2	1	0
白俄罗斯	4	3	2	1	4	3	2	1
保加利亚	2	1	0	3	2	1	0	3
波兰	3	2	1	0	4	3	2	1
德国	2	1	0	3	2	1	0	3
俄罗斯	1	0	3	2	1	0	3	2
法国	0	4	3	2	1	0	4	3
菲律宾	3	2	1	0	5	4	3	2
哈萨克斯坦	5	4	3	2	1	0	5	4
韩国							5	4
荷兰	3	2	1	0	3	2	1	0
吉尔吉斯斯坦	3	2	1	0		4	3	2
加拿大	3	2	3	2	1	3	2	1
柬埔寨	1	0	4	3	2	1	0	4
捷克	1	0	4	3	2	1	0	4
肯尼亚	0	4	3	2	1	0	4	3
老挝	4	3	2	1	0	4	3	2
罗马尼亚	2	1	0	4	3	2	1	0
马来西亚	2	1	0	4	3	2	1	0
美国	1	0	3	2	1	0	3	2
蒙古	2	1	0	3	2	1	0	3
孟加拉国							5	4

续表

国家/年份	2007	2008	2009	2010	2011	2012	2013	2014
缅甸					5	4	3	2
墨西哥	5	4	3	2	1	0	5	4
南非								5
尼日利亚	0	3	2	1	0	3	2	1
日本	1	0	3	3	3	2	1	0
沙特阿拉伯								
斯里兰卡	4	3	2	1	5	4	3	2
苏丹								5
塔吉克斯坦	6	5	4	3	2	1	0	6
泰国		0	3	2	1	3	2	1
土耳其	0	4	3	2	1	0	4	3
土库曼斯坦		4	3	2	1	0	4	3
委内瑞拉	5	4	3	2	1	0	5	4
乌克兰	2	1	0	0	4	3	2	1
乌兹别克斯坦	0	4	3	2	1	0	4	3
希腊	1	3	2	3	2	1	3	2
新加坡	4	3	2	1	0	4	3	2
新西兰	1	0	2	1	0	2	1	0
匈牙利	3	2	1	0	3	2	1	0
伊拉克	3	2	1	0	3	2	1	0
伊朗	2	1	0	3	2	1	0	3
以色列	3	2	1	3	2	1	3	2
意大利	4	3	4	3	2	1	4	3
印度	2	1	0	4	3	2	1	0
印度尼西亚	2	1	0	4	3	2	1	0
英国								5
越南	4	3	2	1	0	4	3	2
赞比亚	4	3	4	3	2	4	3	2

数据来源：DPI。

表 29 政府稳定性

国家/年份	2007	2008	2009	2010	2011	2012	2014
阿根廷	9.5	6.0	5.0	6.0	8.5	5.5	6.5
阿联酋							9.4
埃及	9.5	9.0	8.5	8.0	5.5	5.5	5.8
埃塞俄比亚	8.5	8.0	7.0	8.5	8.0	6.5	7.2
安哥拉	9.5	10.5	10.5	9.5	7.5	8.5	8.3
澳大利亚	10.0	10.5	10.5	7.5	5.0	6.5	6.2
巴基斯坦	5.0	6.5	6.0	5.5	5.0	6.0	5.7
巴西	8.5	9.5	9.5	9.0	7.5	8.5	8.3
白俄罗斯	10.0	10.0	10.0	9.5	5.0	6.0	6.1
保加利亚	8.5	7.0	7.5	6.0	6.0	6.5	6.3
波兰	8.0	8.0	8.5	8.0	8.5	6.5	7.3
德国	10.0	10.0	10.0	6.0	5.5	8.5	7.4
俄罗斯	11.5	11.0	10.5	9.0	8.0	7.0	7.5
法国	9.5	9.0	9.5	8.0	5.5	6.5	6.4
菲律宾	5.0	5.0	5.0	8.5	7.5	7.5	7.6
哈萨克斯坦	10.5	10.5	10.5	10.0	9.5	9.0	9.3
韩国	6.5	7.5	8.0	8.5	5.5	7.5	7.0
荷兰	7.0	8.0	7.5	7.0	6.5	8.0	7.5
吉尔吉斯斯坦							8.3
加拿大	7.5	6.5	9.5	8.5	9.5	9.0	9.1
柬埔寨							8.4
捷克	7.5	6.0	6.0	6.5	7.0	6.5	6.7
肯尼亚	6.0	7.5	6.0	7.0	6.0	6.5	6.4
老挝							8.4
罗马尼亚	6.5	5.5	7.5	7.0	7.0	5.0	5.8
马来西亚	9.0	5.5	7.0	6.5	6.0	5.0	5.5
美国	6.0	8.5	9.0	7.5	8.5	8.5	8.4
蒙古	8.0	8.0	9.0	9.0	7.0	6.0	6.6
孟加拉国	8.0	8.0	9.5	8.5	7.0	7.0	7.2

续表

国家/年份	2007	2008	2009	2010	2011	2012	2014
缅甸	9.5	9.5	9.5	9.5	9.5	10.0	9.8
墨西哥	8.5	9.0	7.5	6.5	7.5	8.0	7.7
南非	8.5	6.0	8.0	6.5	7.0	5.5	6.1
尼日利亚	7.0	8.0	7.5	7.5	8.0	7.0	7.4
日本	6.5	5.0	9.0	5.0	7.5	5.5	6.1
沙特阿拉伯	10.0	10.0	10.0	10.0	9.0	9.5	9.4
斯里兰卡	7.5	7.5	8.0	9.5	8.5	7.5	8.0
苏丹	8.5	9.0	7.0	7.5	7.0	7.0	7.1
塔吉克斯坦							8.3
泰国	6.5	6.0	7.0	7.0	7.0	6.0	6.4
土耳其	9.0	7.5	8.5	8.5	8.5	7.0	7.6
土库曼斯坦							8.3
委内瑞拉	10.0	9.0	7.5	7.5	6.5	7.0	6.9
乌克兰	8.5	6.0	6.0	7.5	7.5	6.0	6.6
乌兹别克斯坦							8.3
希腊	8.5	6.5	7.0	7.0	7.0	5.5	6.1
新加坡	11.0	11.0	11.0	11.0	9.5	9.5	9.7
新西兰	6.0	8.0	8.5	8.5	8.5	8.0	8.2
匈牙利	6.5	4.5	4.0	8.5	7.5	6.5	7.0
伊拉克	5.0	6.0	8.0	7.5	8.0	6.0	6.8
伊朗	8.5	6.5	6.5	5.5	5.0	5.0	5.1
以色列	6.0	5.5	7.5	7.0	7.5	8.0	7.8
意大利	7.0	9.5	8.5	5.5	6.0	6.5	6.3
印度	6.5	7.0	9.0	7.0	6.0	6.0	6.1
印度尼西亚	7.5	7.5	9.0	7.5	7.5	5.0	6.0
英国	8.0	8.0	6.0	8.5	6.5	7.0	7.0
越南	10.5	10.5	10.5	10.0	8.0	7.5	7.9
赞比亚	7.5	8.0	7.5	7.5	6.5	7.5	7.2

数据来源：ICRG。

注：缺少2013年数据及某些年份个别数据。

表 30 军事干预政治

国家/年份	2007	2008	2009	2010	2011	2012	2014
阿根廷	4.5	4.5	4.5	4.5	4.5	4.5	4.5
阿联酋							5.0
埃及	3.0	3.0	3.0	2.5	1.5	1.0	1.3
埃塞俄比亚	1.0	1.0	1.0	1.0	1.0	1.0	1.0
安哥拉	2.0	2.0	2.0	2.0	2.0	2.0	2.0
澳大利亚	6.0	6.0	6.0	6.0	6.0	6.0	6.0
巴基斯坦	1.0	1.0	1.0	1.5	1.5	1.5	1.5
巴西	4.0	4.0	4.0	4.0	4.0	4.0	4.0
白俄罗斯	3.0	3.0	3.0	3.0	3.0	3.0	3.0
保加利亚	5.0	5.0	5.0	5.0	5.0	5.0	5.0
波兰	6.0	6.0	6.0	6.0	6.0	6.0	6.0
德国	6.0	6.0	6.0	6.0	6.0	6.0	6.0
俄罗斯	4.5	4.5	4.5	4.5	4.5	4.0	4.2
法国	5.5	5.5	5.5	5.5	5.5	5.5	5.5
菲律宾	3.5	3.5	3.5	3.0	3.0	3.0	3.0
哈萨克斯坦	5.0	5.0	5.0	5.0	5.0	5.0	5.0
韩国	4.0	4.0	4.0	4.0	4.0	4.0	4.0
荷兰	6.0	6.0	6.0	6.0	6.0	6.0	6.0
吉尔吉斯斯坦							4.0
加拿大	6.0	6.0	6.0	6.0	6.0	6.0	6.0
柬埔寨							2.4
捷克	6.0	6.0	6.0	6.0	6.0	6.0	6.0
肯尼亚	4.0	4.0	4.0	4.0	4.0	4.0	4.0
老挝							2.4
罗马尼亚	5.0	5.0	5.0	5.0	5.0	5.0	5.0
马来西亚	5.0	5.0	5.0	5.0	5.0	5.0	5.0
美国	4.0	4.0	4.0	4.0	4.0	4.0	4.0
蒙古	5.0	5.0	5.0	5.0	5.0	5.0	5.0
孟加拉国	1.5	1.0	3.0	2.5	2.5	2.5	2.5

续表

国家/年份	2007	2008	2009	2010	2011	2012	2014
缅甸	1.0	1.0	1.0	1.0	1.0	1.5	1.3
墨西哥	4.5	4.5	4.5	4.5	4.0	3.5	3.8
南非	5.0	5.0	5.0	5.0	5.0	5.0	5.0
尼日利亚	2.0	2.0	2.0	2.0	2.0	2.0	2.0
日本	5.0	5.0	5.0	5.0	5.0	5.0	5.0
沙特阿拉伯	5.0	5.0	5.0	5.0	5.0	5.0	5.0
斯里兰卡	2.0	2.0	2.0	2.0	2.0	2.0	2.0
苏丹	0.0	0.0	0.0	0.0	0.0	0.0	0.0
塔吉克斯坦							4.0
泰国	3.5	3.5	3.5	3.0	2.0	2.0	2.1
土耳其	2.0	2.0	2.0	2.0	2.0	2.0	2.0
土库曼斯坦							4.0
委内瑞拉	0.5	0.5	0.5	0.5	0.5	0.5	0.5
乌克兰	5.0	5.0	5.0	5.0	5.0	5.0	5.0
乌兹别克斯坦							4.0
希腊	5.0	5.0	5.0	5.0	5.0	5.0	5.0
新加坡	5.0	5.0	5.0	5.0	5.0	5.0	5.0
新西兰	6.0	6.0	6.0	6.0	6.0	6.0	6.0
匈牙利	6.0	6.0	6.0	6.0	6.0	6.0	6.0
伊拉克	0.0	0.0	0.0	0.0	0.0	0.0	0.0
伊朗	5.0	5.0	5.0	5.0	4.5	4.5	4.6
以色列	2.5	2.5	2.5	2.5	2.5	2.5	2.5
意大利	6.0	6.0	6.0	6.0	6.0	6.0	6.0
印度	4.0	4.0	4.0	4.0	4.0	4.0	4.0
印度尼西亚	2.5	2.5	2.5	2.5	2.5	2.5	2.5
英国	6.0	6.0	6.0	6.0	6.0	6.0	6.0
越南	3.0	3.0	3.0	3.0	3.0	3.0	3.0
赞比亚	5.0	5.0	5.0	5.0	5.0	5.0	5.0

数据来源：ICRG。

表 31　　　　　　　　　　　　**腐败**

国家/年份	2007	2008	2009	2010	2011	2012	2014
阿根廷	2.5	2.5	2.5	2.5	2.5	2.0	2.2
阿联酋							2.5
埃及	2.0	2.0	2.0	2.0	2.0	2.0	2.0
埃塞俄比亚	2.0	2.0	2.0	2.0	2.0	1.5	1.7
安哥拉	2.0	2.0	2.0	2.0	2.0	1.5	1.7
澳大利亚	4.5	4.5	4.5	5.0	5.0	4.5	4.7
巴基斯坦	2.0	2.0	2.0	2.0	2.0	2.0	2.0
巴西	2.0	3.0	3.0	3.0	3.0	2.5	2.7
白俄罗斯	2.0	2.0	2.0	2.0	2.0	1.5	1.7
保加利亚	2.0	2.0	2.0	2.0	2.0	2.0	2.0
波兰	2.5	2.5	2.5	2.5	2.5	3.0	2.8
德国	5.0	5.0	5.0	5.0	5.0	5.0	5.0
俄罗斯	2.0	2.0	2.0	2.0	2.0	1.5	1.7
法国	5.0	5.0	5.0	4.5	4.5	4.5	4.5
菲律宾	2.0	2.0	2.0	2.0	2.0	2.0	2.0
哈萨克斯坦	1.5	1.5	1.5	1.5	1.5	1.5	1.5
韩国	2.5	3.0	3.0	3.0	3.0	3.0	3.0
荷兰	5.0	5.0	5.0	5.0	5.0	5.0	5.0
吉尔吉斯斯坦							1.0
加拿大	5.0	5.0	5.0	5.0	5.0	5.0	5.0
柬埔寨							2.0
捷克	2.5	2.5	2.5	2.5	2.5	2.5	2.5
肯尼亚	0.5	0.5	0.5	2.0	2.0	1.5	1.7
老挝							2.0
罗马尼亚	2.5	2.5	2.5	2.5	2.5	2.0	2.2
马来西亚	2.5	2.5	2.5	2.5	2.5	2.5	2.5
美国	4.0	4.0	4.0	4.0	4.0	4.0	4.0
蒙古	2.0	2.0	2.0	2.0	2.0	2.0	2.0
孟加拉国	2.5	2.5	3.0	3.0	3.0	3.0	3.0

续表

国家/年份	2007	2008	2009	2010	2011	2012	2014
缅甸	1.5	1.5	1.5	1.5	1.5	1.5	1.5
墨西哥	2.0	2.0	2.5	2.5	2.0	2.0	2.1
南非	2.5	2.5	2.5	3.0	2.5	2.5	2.6
尼日利亚	1.5	1.5	1.5	1.5	1.5	1.5	1.5
日本	3.0	3.0	3.0	4.5	4.5	4.5	4.5
沙特阿拉伯	2.0	2.0	2.0	2.5	2.5	2.5	2.5
斯里兰卡	2.5	2.5	2.5	2.5	2.5	2.5	2.5
苏丹	1.0	1.0	1.0	1.0	1.0	0.5	0.7
塔吉克斯坦							1.0
泰国	1.5	2.0	2.0	2.0	2.0	2.0	2.0
土耳其	2.5	2.5	2.5	2.5	2.5	2.5	2.5
土库曼斯坦							1.0
委内瑞拉	1.0	1.0	1.0	1.0	1.0	1.0	1.0
乌克兰	2.0	2.0	2.0	2.0	2.0	1.5	1.7
乌兹别克斯坦							1.0
希腊	2.0	2.0	2.0	2.0	2.0	2.0	2.0
新加坡	4.5	4.5	4.5	4.5	4.5	4.5	4.5
新西兰	5.5	5.5	5.5	5.5	5.5	5.5	5.5
匈牙利	3.0	3.0	3.0	3.0	3.0	3.0	3.0
伊拉克	1.0	1.0	1.5	1.5	1.5	1.0	1.2
伊朗	2.0	2.0	2.0	1.5	1.5	1.5	1.5
以色列	3.0	3.0	3.0	3.5	3.5	3.5	3.5
意大利	2.5	2.5	2.5	2.5	2.5	2.5	2.5
印度	2.5	2.5	2.5	2.5	2.0	2.5	2.4
印度尼西亚	3.5	4.0	3.0	3.0	3.0	3.0	3.0
英国	4.0	4.0	4.0	4.0	4.0	4.5	4.3
越南	3.5	3.5	3.5	2.5	2.5	2.5	2.5
赞比亚	3.5	3.0	3.0	3.0	3.0	2.5	2.7

数据来源：ICRG。

表 32 民主问责

国家/年份	2007	2008	2009	2010	2011	2012	2014
阿根廷	4.5	4.5	4.5	4.5	4.5	4.0	4.2
阿联酋							1.0
埃及	2.0	2.0	2.0	1.5	1.5	1.5	1.5
埃塞俄比亚	4.5	3.5	3.5	3.0	2.5	2.5	2.6
安哥拉	2.0	2.0	2.0	2.0	2.5	2.5	2.5
澳大利亚	6.0	6.0	6.0	6.0	6.0	6.0	6.0
巴基斯坦	1.0	1.5	2.0	3.0	3.0	3.0	3.0
巴西	5.0	5.0	5.0	5.0	5.0	5.0	5.0
白俄罗斯	1.0	1.5	1.5	1.5	1.5	1.0	1.2
保加利亚	5.5	5.5	5.5	5.5	5.5	5.5	5.5
波兰	6.0	6.0	6.0	6.0	6.0	6.0	6.0
德国	6.0	6.0	6.0	6.0	6.0	6.0	6.0
俄罗斯	3.0	2.5	2.5	2.5	2.0	2.0	2.1
法国	6.0	6.0	6.0	6.0	6.0	6.0	6.0
菲律宾	5.0	5.0	5.0	5.0	5.0	5.0	5.0
哈萨克斯坦	2.0	2.0	2.0	2.0	1.5	1.5	1.6
韩国	6.0	6.0	6.0	6.0	5.5	5.5	5.6
荷兰	6.0	6.0	6.0	6.0	6.0	6.0	6.0
吉尔吉斯斯坦							1.1
加拿大	6.0	6.0	6.0	5.5	5.5	6.0	5.8
柬埔寨							2.9
捷克	5.5	5.5	5.5	5.5	5.5	5.5	5.5
肯尼亚	5.5	5.0	5.0	5.5	5.5	5.5	5.5
老挝							2.9
罗马尼亚	6.0	6.0	6.0	6.0	6.0	6.0	6.0
马来西亚	4.5	4.5	4.5	4.5	4.0	4.0	4.1
美国	6.0	6.0	6.0	6.0	6.0	6.0	6.0
蒙古	4.0	4.0	4.0	4.0	4.0	4.0	4.0
孟加拉国	3.0	3.0	3.5	3.5	3.5	3.5	3.5

续表

国家/年份	2007	2008	2009	2010	2011	2012	2014
缅甸	0.0	0.0	0.0	0.0	2.0	2.5	2.1
墨西哥	6.0	6.0	6.0	6.0	6.0	6.0	6.0
南非	5.0	5.0	5.0	5.0	5.0	5.0	5.0
尼日利亚	3.5	3.5	3.5	3.5	3.5	3.5	3.5
日本	5.0	5.0	5.0	5.0	5.0	5.0	5.0
沙特阿拉伯	0.5	0.5	1.0	1.0	1.0	1.0	1.0
斯里兰卡	4.0	4.0	4.0	3.0	3.0	3.0	3.0
苏丹	2.0	2.0	2.0	2.0	2.0	2.0	2.0
塔吉克斯坦							1.1
泰国	4.5	4.5	4.5	4.5	4.5	4.5	4.5
土耳其	5.0	5.0	5.0	4.5	4.0	4.0	4.1
土库曼斯坦							1.1
委内瑞拉	3.5	3.0	3.0	3.0	3.0	3.0	3.0
乌克兰	5.5	5.5	5.5	5.0	5.0	5.0	5.0
乌兹别克斯坦							1.1
希腊	6.0	6.0	6.0	6.0	6.0	6.0	6.0
新加坡	2.0	2.0	2.0	2.0	2.0	2.0	2.0
新西兰	6.0	6.0	6.0	6.0	6.0	6.0	6.0
匈牙利	6.0	6.0	6.0	5.5	5.5	5.5	5.5
伊拉克	4.0	4.0	4.0	4.5	4.5	4.5	4.5
伊朗	4.5	4.5	4.0	4.0	3.0	2.5	2.8
以色列	6.0	6.0	6.0	6.0	6.0	6.0	6.0
意大利	5.5	5.5	5.5	5.5	5.5	5.5	5.5
印度	6.0	6.0	6.0	6.0	6.0	6.0	6.0
印度尼西亚	5.0	5.0	5.0	5.0	5.0	5.0	5.0
英国	6.0	6.0	6.0	6.0	6.0	6.0	6.0
越南	1.0	1.0	1.0	1.5	1.5	1.5	1.5
赞比亚	4.0	4.0	4.0	4.0	4.0	4.0	4.0

数据来源：ICRG。

表 33 **政府有效性**

国家/年份	2007	2008	2009	2010	2011	2012	2013	2014
阿根廷	-0.03	-0.13	-0.33	-0.19	-0.14	-0.25	-0.29	-0.29
阿联酋	0.92	0.88	1.02	0.91	1.06	1.14	1.17	1.17
埃及	-0.38	-0.35	-0.27	-0.38	-0.54	-0.77	-0.89	-0.89
埃塞俄比亚	-0.39	-0.37	-0.49	-0.42	-0.47	-0.44	-0.52	-0.52
安哥拉	-1.24	-1.07	-0.97	-1.13	-1.15	-1.02	-1.26	-1.26
澳大利亚	1.82	1.78	1.70	1.77	1.70	1.61	1.62	1.62
巴基斯坦	-0.46	-0.70	-0.78	-0.76	-0.81	-0.79	-0.80	-0.80
巴西	-0.20	-0.09	-0.10	-0.04	-0.12	-0.12	-0.08	-0.08
白俄罗斯	-1.13	-1.12	-1.15	-1.14	-1.10	-0.94	-0.94	-0.94
保加利亚	0.00	-0.05	0.16	0.11	0.11	0.14	0.15	0.15
波兰	0.40	0.48	0.52	0.64	0.62	0.66	0.71	0.71
德国	1.63	1.52	1.59	1.57	1.55	1.57	1.52	1.52
俄罗斯	-0.38	-0.34	-0.40	-0.45	-0.45	-0.43	-0.36	-0.36
法国	1.48	1.58	1.49	1.45	1.37	1.33	1.47	1.47
菲律宾	0.08	0.03	-0.03	-0.02	0.08	0.08	0.06	0.06
哈萨克斯坦	-0.56	-0.42	-0.36	-0.43	-0.43	-0.44	-0.54	-0.54
韩国	1.23	1.05	1.11	1.22	1.26	1.20	1.12	1.12
荷兰	1.73	1.69	1.74	1.73	1.79	1.80	1.77	1.77
吉尔吉斯斯坦								-1.04
加拿大	1.75	1.77	1.75	1.79	1.78	1.75	1.77	1.77
柬埔寨	-0.86	-0.95	-0.91	-0.92	-0.85	-0.83	-0.92	-0.92
捷克	0.90	1.01	0.89	0.91	0.93	0.92	0.88	0.88
肯尼亚	-0.50	-0.59	-0.60	-0.54	-0.57	-0.55	-0.49	-0.49
老挝	-0.87	-0.87	-0.96	-0.87	-0.85	-0.88	-0.76	-0.76
罗马尼亚	-0.32	-0.32	-0.36	-0.25	-0.31	-0.31	-0.07	-0.07
马来西亚	1.25	1.16	1.00	1.13	1.03	1.01	1.10	1.10
美国	1.65	1.60	1.50	1.55	1.51	1.51	1.50	1.50
蒙古	-0.52	-0.52	-0.66	-0.57	-0.58	-0.63	-0.54	-0.54
孟加拉国	-0.68	-0.71	-0.79	-0.75	-0.76	-0.83	-0.82	-0.82

续表

国家/年份	2007	2008	2009	2010	2011	2012	2013	2014
缅甸	-1.47	-1.52	-1.64	-1.65	-1.63	-1.53	-1.51	-1.51
墨西哥	0.17	0.18	0.16	0.14	0.31	0.32	0.31	0.31
南非	0.49	0.52	0.48	0.39	0.41	0.33	0.43	0.43
尼日利亚	-1.04	-0.97	-1.20	-1.15	-1.07	-0.99	-1.01	-1.01
日本	1.45	1.46	1.46	1.52	1.47	1.40	1.59	1.59
沙特阿拉伯	-0.11	-0.07	-0.06	0.03	-0.32	0.03	0.06	0.06
斯里兰卡	-0.09	-0.12	-0.12	-0.18	-0.10	-0.24	-0.23	-0.23
苏丹	-1.08	-1.27	-1.27	-1.37	-1.39	-1.46	-1.53	-1.53
塔吉克斯坦	-1.06	-1.04	-1.08	-0.90	-0.94	-0.93	-1.08	-1.08
泰国	0.37	0.25	0.28	0.19	0.21	0.21	0.21	0.21
土耳其	0.30	0.26	0.29	0.31	0.36	0.40	0.37	0.37
土库曼斯坦	-1.44	-1.43	-1.47	-1.58	-1.61	-1.29	-1.32	-1.32
委内瑞拉	-1.05	-1.11	-0.97	-1.10	-1.19	-1.14	-1.14	-1.14
乌克兰	-0.67	-0.71	-0.80	-0.75	-0.81	-0.58	-0.65	-0.65
乌兹别克斯坦	-1.09	-0.86	-0.65	-0.74	-0.72	-0.94	-0.94	-0.94
希腊	0.57	0.59	0.61	0.55	0.50	0.31	0.45	0.45
新加坡	2.37	2.43	2.28	2.26	2.17	2.15	2.07	2.07
新西兰	1.67	1.67	1.85	1.81	1.88	1.79	1.75	1.75
匈牙利	0.72	0.71	0.68	0.67	0.68	0.62	0.64	0.64
伊拉克	-1.59	-1.26	-1.20	-1.22	-1.15	-1.11	-1.08	-1.08
伊朗	-0.59	-0.61	-0.57	-0.48	-0.44	-0.54	-0.70	-0.70
以色列	1.24	1.33	1.26	1.37	1.33	1.25	1.22	1.22
意大利	0.21	0.29	0.42	0.45	0.38	0.41	0.45	0.45
印度	0.11	-0.03	-0.01	0.02	-0.01	-0.18	-0.19	-0.19
印度尼西亚	-0.28	-0.24	-0.28	-0.20	-0.25	-0.29	-0.24	-0.24
英国	1.66	1.64	1.50	1.56	1.55	1.53	1.47	1.47
越南	-0.22	-0.20	-0.25	-0.26	-0.23	-0.29	-0.30	-0.30
赞比亚	-0.71	-0.73	-0.79	-0.83	-0.64	-0.50	-0.48	-0.48

数据来源：WGI。

表 34　　法治

国家/年份	2007	2008	2009	2010	2011	2012	2013	2014
阿根廷	-0.63	-0.70	-0.71	-0.62	-0.59	-0.71	-0.73	-0.73
阿联酋	0.36	0.49	0.46	0.37	0.53	0.56	0.64	0.64
埃及	-0.18	-0.09	-0.06	-0.12	-0.40	-0.46	-0.60	-0.60
埃塞俄比亚	-0.60	-0.66	-0.78	-0.75	-0.70	-0.66	-0.62	-0.62
安哥拉	-1.40	-1.40	-1.24	-1.26	-1.25	-1.28	-1.28	-1.28
澳大利亚	1.74	1.75	1.73	1.76	1.74	1.75	1.75	1.75
巴基斯坦	-0.88	-0.98	-0.84	-0.74	-0.91	-0.91	-0.88	-0.88
巴西	-0.43	-0.37	-0.22	0.00	-0.01	-0.11	-0.12	-0.12
白俄罗斯	-1.14	-1.01	-1.00	-1.04	-1.08	-0.92	-0.89	-0.89
保加利亚	-0.10	-0.16	-0.07	-0.10	-0.14	-0.12	-0.14	-0.14
波兰	0.37	0.51	0.60	0.66	0.75	0.74	0.79	0.79
德国	1.75	1.72	1.64	1.62	1.61	1.64	1.62	1.62
俄罗斯	-0.95	-0.93	-0.77	-0.77	-0.74	-0.82	-0.78	-0.78
法国	1.43	1.48	1.43	1.51	1.44	1.43	1.40	1.40
菲律宾	-0.47	-0.57	-0.60	-0.58	-0.54	-0.55	-0.43	-0.43
哈萨克斯坦	-0.87	-0.75	-0.63	-0.61	-0.59	-0.66	-0.67	-0.67
韩国	1.02	0.85	0.98	0.99	1.02	0.97	0.94	0.94
荷兰	1.76	1.75	1.80	1.81	1.81	1.84	1.81	1.81
吉尔吉斯斯坦	-1.28	-1.37	-1.32	-1.28	-1.23	-1.15	-1.14	-1.14
加拿大	1.79	1.80	1.81	1.81	1.74	1.75	1.74	1.74
柬埔寨	-1.08	-1.11	-1.09	-1.09	-1.02	-0.97	-0.99	-0.99
捷克	0.86	0.89	0.94	0.93	1.02	1.01	1.00	1.00
肯尼亚	-0.97	-1.02	-1.05	-0.99	-0.95	-0.86	-0.74	-0.74
老挝	-0.91	-0.83	-1.00	-0.92	-0.95	-0.83	-0.77	-0.77
罗马尼亚	-0.11	-0.01	0.03	0.04	0.05	0.02	0.11	0.11
马来西亚	0.50	0.40	0.49	0.53	0.52	0.51	0.48	0.48
美国	1.58	1.61	1.58	1.63	1.61	1.60	1.54	1.54
蒙古	-0.39	-0.38	-0.28	-0.39	-0.30	-0.38	-0.37	-0.37
孟加拉国	-0.83	-0.76	-0.77	-0.79	-0.71	-0.91	-0.83	-0.83

续表

国家/年份	2007	2008	2009	2010	2011	2012	2013	2014
缅甸	-1.43	-1.43	-1.47	-1.51	-1.43	-1.35	-1.22	-1.22
墨西哥	-0.54	-0.72	-0.61	-0.58	-0.55	-0.56	-0.58	-0.58
南非	0.07	0.03	0.09	0.11	0.13	0.08	0.13	0.13
尼日利亚	-1.07	-1.06	-1.16	-1.17	-1.21	-1.18	-1.16	-1.16
日本	1.33	1.32	1.30	1.33	1.30	1.32	1.41	1.41
沙特阿拉伯	0.19	0.19	0.16	0.26	0.14	0.24	0.26	0.26
斯里兰卡	0.14	0.00	-0.07	-0.08	-0.07	-0.11	-0.27	-0.27
苏丹	-1.39	-1.41	-1.23	-1.30	-1.22	-1.21	-1.25	-1.25
塔吉克斯坦	-1.23	-1.24	-1.23	-1.18	-1.21	-1.18	-1.24	-1.24
泰国	-0.08	-0.13	-0.22	-0.20	-0.21	-0.17	-0.13	-0.13
土耳其	0.02	0.08	0.10	0.12	0.08	0.04	0.08	0.08
土库曼斯坦	-1.50	-1.41	-1.42	-1.45	-1.42	-1.38	-1.36	-1.36
委内瑞拉	-1.54	-1.60	-1.59	-1.64	-1.67	-1.69	-1.79	-1.79
乌克兰	-0.74	-0.69	-0.77	-0.81	-0.83	-0.79	-0.83	-0.83
乌兹别克斯坦	-1.15	-1.10	-1.27	-1.37	-1.41	-1.27	-1.20	-1.20
希腊	0.84	0.84	0.62	0.61	0.55	0.39	0.44	0.44
新加坡	1.64	1.64	1.60	1.68	1.73	1.77	1.74	1.74
新西兰	1.83	1.85	1.94	1.87	1.91	1.88	1.86	1.86
匈牙利	0.92	0.89	0.76	0.75	0.74	0.60	0.56	0.56
伊拉克	-1.92	-1.84	-1.77	-1.62	-1.51	-1.50	-1.47	-1.47
伊朗	-0.92	-0.85	-0.94	-0.98	-0.94	-0.90	-0.98	-0.98
以色列	0.81	0.83	0.82	0.90	1.00	0.92	0.95	0.95
意大利	0.44	0.42	0.35	0.38	0.42	0.36	0.36	0.36
印度	0.11	0.09	0.02	-0.04	-0.11	-0.10	-0.10	-0.10
印度尼西亚	-0.68	-0.66	-0.60	-0.64	-0.61	-0.60	-0.55	-0.55
英国	1.68	1.66	1.73	1.76	1.64	1.69	1.67	1.67
越南	-0.41	-0.40	-0.47	-0.53	-0.48	-0.50	-0.49	-0.49
赞比亚	-0.57	-0.44	-0.49	-0.50	-0.47	-0.40	-0.31	-0.31

数据来源：WGI。

表 35 **外部冲突**

国家/年份	2007	2008	2009	2010	2011	2012	2014
阿根廷	9.5	9.5	9.5	9.5	9.5	9.5	9.5
阿联酋							9.4
埃及	10.5	10.0	10.0	10.0	9.5	9.0	9.3
埃塞俄比亚	5.5	7.5	7.5	7.0	7.0	7.0	7.0
安哥拉	11.0	11.0	11.0	11.0	11.0	11.0	11.0
澳大利亚	9.5	9.5	10.0	10.0	11.0	11.0	10.9
巴基斯坦	8.5	8.5	8.5	8.5	8.5	8.5	8.5
巴西	10.5	10.5	10.5	10.5	10.5	10.5	10.5
白俄罗斯	8.0	8.5	9.0	9.0	8.5	8.5	8.6
保加利亚	9.5	9.0	9.0	9.0	9.0	9.0	9.0
波兰	9.5	11.0	11.0	10.5	10.5	10.5	10.5
德国	10.5	10.5	10.5	10.5	10.5	10.5	10.5
俄罗斯	8.5	7.0	9.0	9.0	9.0	9.0	9.0
法国	10.0	10.0	10.0	10.0	10.0	10.0	10.0
菲律宾	11.0	11.0	11.0	11.0	11.0	11.0	11.0
哈萨克斯坦	11.0	11.0	11.0	11.0	11.0	11.0	11.0
韩国	9.0	8.5	8.5	7.5	8.0	8.0	8.0
荷兰	12.0	12.0	12.0	12.0	12.0	12.0	12.0
吉尔吉斯斯坦							10.0
加拿大	11.0	11.0	11.0	11.0	11.0	11.0	11.0
柬埔寨							10.5
捷克	10.5	10.5	10.5	10.5	10.5	10.5	10.5
肯尼亚	9.0	9.5	9.0	9.5	9.5	9.5	9.5
老挝							10.5
罗马尼亚	11.0	11.0	11.0	11.0	11.0	11.0	11.0
马来西亚	10.0	10.5	10.5	10.5	10.5	10.5	10.5
美国	7.0	9.5	10.0	9.5	10.5	10.5	10.4
蒙古	11.5	11.5	11.5	11.5	11.5	11.5	11.5
孟加拉国	8.5	8.5	8.5	8.5	8.5	8.5	8.5

续表

国家/年份	2007	2008	2009	2010	2011	2012	2014
缅甸	8.5	8.0	8.0	8.0	8.0	9.5	8.9
墨西哥	11.0	11.0	11.0	10.5	10.5	10.5	10.5
南非	10.5	10.5	10.5	10.5	10.5	10.5	10.5
尼日利亚	9.5	9.5	9.5	9.5	9.5	9.5	9.5
日本	9.5	9.5	9.5	9.0	9.0	9.0	9.0
沙特阿拉伯	10.0	10.0	8.5	8.5	9.5	9.5	9.4
斯里兰卡	10.5	10.5	11.0	11.0	11.0	10.5	10.7
苏丹	9.0	9.0	9.0	8.5	7.5	7.0	7.3
塔吉克斯坦							10.0
泰国	10.0	9.5	9.0	9.0	9.0	9.0	9.0
土耳其	7.5	7.5	7.5	7.5	7.5	7.5	7.5
土库曼斯坦							10.0
委内瑞拉	8.0	8.0	8.0	8.5	8.5	8.5	8.5
乌克兰	10.0	9.5	9.5	10.0	10.0	10.0	10.0
乌兹别克斯坦							10.0
希腊	10.5	10.0	10.0	10.0	10.5	10.5	10.5
新加坡	10.5	10.5	10.5	10.5	10.5	10.5	10.5
新西兰	10.5	10.5	10.5	10.5	10.5	10.5	10.5
匈牙利	10.0	10.5	10.5	10.5	10.5	10.0	10.2
伊拉克	5.5	6.0	7.0	8.5	8.5	8.5	8.5
伊朗	6.0	6.0	6.0	6.0	5.5	5.5	5.6
以色列	7.5	6.5	6.0	6.5	7.0	7.0	7.0
意大利	11.0	11.0	11.0	11.0	11.0	11.0	11.0
印度	10.0	10.0	9.5	9.5	9.5	9.5	9.5
印度尼西亚	10.5	10.5	10.5	10.5	10.5	10.5	10.5
英国	7.0	6.5	6.5	8.5	9.5	9.5	9.4
越南	11.5	11.5	11.5	11.5	11.5	11.5	11.5
赞比亚	10.0	10.0	10.0	10.0	10.5	10.5	10.5

数据来源：ICRG。

表36　　　　贸易依存度

国家/年份	2007	2008	2009	2010	2011	2012	2013	2014
阿根廷	0.05	0.06	0.04	0.06	0.05	0.05	0.05	0.05
阿联酋								0.08
埃及	0.04	0.04	0.05	0.05	0.06	0.06		0.06
埃塞俄比亚	0.07	0.07	0.09	0.08	0.05	0.07		0.07
安哥拉	0.13	0.16	0.14	0.19	0.16	0.20	0.20	0.20
澳大利亚	0.08	0.09	0.11	0.12	0.13	0.13	0.15	0.15
巴基斯坦	0.08	0.06	0.07	0.08	0.08	0.10	0.11	0.11
巴西	0.06	0.08	0.09	0.09	0.10	0.10	0.11	0.11
白俄罗斯	0.01	0.01	0.01	0.01	0.01	0.01	0.01	0.01
保加利亚	0.01	0.01	0.01	0.01	0.01	0.02	0.02	0.02
波兰	0.01	0.02	0.02	0.02	0.02	0.02	0.02	0.02
德国	0.05	0.05	0.05	0.06	0.06	0.05	0.05	0.05
俄罗斯	0.06	0.05	0.05	0.05	0.06	0.06	0.06	0.06
法国	0.02	0.02	0.03	0.03	0.03	0.03	0.03	0.03
菲律宾	0.20	0.17	0.15	0.16	0.17	0.17	0.18	0.18
哈萨克斯坦	0.09	0.08	0.10	0.11	0.10	0.10	0.11	0.11
韩国	0.15	0.15	0.15	0.16	0.14	0.15	0.15	0.15
荷兰	0.04	0.04	0.04	0.04	0.04	0.04	0.04	0.04
吉尔吉斯斯坦	0.48	0.83	0.59	0.44	0.40	0.36	0.34	0.34
加拿大	0.03	0.03	0.03	0.03	0.03	0.03	0.04	0.04
柬埔寨	0.06	0.07	0.06	0.08	0.11	0.11	0.12	0.12
捷克	0.01	0.02	0.02	0.02	0.02	0.02	0.02	0.02
肯尼亚	0.04	0.04	0.05	0.06	0.06	0.07		0.07
老挝	0.07	0.08	0.15	0.14	0.15	0.16	0.26	0.26
罗马尼亚	0.01	0.02	0.02	0.02	0.02	0.02	0.02	0.02
马来西亚	0.09	0.09	0.11	0.12	0.12	0.13	0.14	0.14
美国	0.13	0.12	0.13	0.13	0.13	0.13	0.13	0.13
蒙古	0.26	0.22	0.31	0.34	0.30	0.32	0.30	0.30
孟加拉国	0.06	0.07	0.07	0.07	0.07	0.08	0.08	0.08

续表

国家/年份	2007	2008	2009	2010	2011	2012	2013	2014
缅甸	0.13	0.15	0.16	0.20	0.22	0.22	0.28	0.28
墨西哥	0.02	0.02	0.02	0.03	0.03	0.03	0.03	0.03
南非	0.05	0.05	0.07	0.08	0.12	0.16	0.17	0.17
尼日利亚	0.02	0.03	0.04	0.03	0.04	0.04		0.04
日本	0.16	0.15	0.17	0.16	0.16	0.15	0.15	0.15
沙特阿拉伯	0.05	0.06	0.07	0.07	0.08	0.08	0.08	0.08
斯里兰卡	0.04	0.04	0.05	0.05	0.06	0.06	0.06	0.06
苏丹	0.17	0.21	0.19	0.22	0.33	0.15	0.14	0.14
塔吉克斯坦	0.06	0.14	0.19	0.22	0.25	0.18		0.18
泰国	0.07	0.07	0.08	0.09	0.09	0.09	0.09	0.09
土耳其	0.02	0.02	0.02	0.03	0.03	0.03	0.03	0.03
土库曼斯坦								0.21
委内瑞拉	0.03	0.04	0.04	0.05	0.07	0.08		0.08
乌克兰	0.03	0.03	0.04	0.04	0.04	0.04	0.04	0.04
乌兹别克斯坦								0.21
希腊	0.02	0.02	0.02	0.03	0.02	0.03	0.02	0.02
新加坡	0.05	0.05	0.06	0.05	0.05	0.05	0.06	0.06
新西兰	0.03	0.04	0.05	0.05	0.06	0.07	0.08	0.08
匈牙利	0.02	0.02	0.02	0.03	0.03	0.02	0.02	0.02
伊拉克	0.01	0.02	0.04	0.06	0.06	0.06		0.06
伊朗								0.06
以色列	0.03	0.03	0.03	0.04	0.04	0.04	0.04	0.04
意大利	0.03	0.03	0.03	0.03	0.03	0.03	0.03	0.03
印度	0.06	0.06	0.06	0.07	0.06	0.05	0.05	0.05
印度尼西亚	0.07	0.07	0.08	0.09	0.10	0.10	0.10	0.10
英国	0.03	0.03	0.03	0.04	0.04	0.04	0.04	0.04
越南	0.07	0.08	0.09	0.11	0.11	0.12	0.14	0.14
赞比亚	0.04	0.04	0.09	0.12	0.11	0.10	0.10	0.10

数据来源：CEIC，WDI。

表 37 投资依存度

国家/年份	2007	2008	2009	2010	2011	2012	2013	2014
阿根廷	0.00	0.00	0.00	0.00	0.00	0.01	0.01	0.01
阿联酋	0.00	0.00	0.00	0.01	0.01	0.01	0.01	0.01
埃及	0.00	0.00	0.00	0.00	0.00	0.00	0.00	0.00
埃塞俄比亚	0.02	0.02	0.04	0.04	0.05	0.06	0.06	0.06
安哥拉	0.00	0.00	0.01	0.02	0.02	0.32	0.35	0.35
澳大利亚	0.01	0.01	0.02	0.02	0.02	0.02	0.03	0.03
巴基斯坦	0.03	0.04	0.04	0.05	0.05	0.05	0.04	0.04
巴西	0.00	0.00	0.00	0.00	0.00	0.00	0.00	0.00
白俄罗斯	0.00	0.00	0.00	0.00	0.00	0.00	0.00	0.00
保加利亚	0.00	0.00	0.00	0.00	0.00	0.00	0.00	0.00
波兰	0.00	0.00	0.00	0.00	0.00	0.00	0.00	0.00
德国	0.00	0.00	0.00	0.00	0.00	0.01	0.01	0.01
俄罗斯	0.01	0.01	0.01	0.01	0.01	0.01	0.01	0.01
法国	0.00	0.00	0.00	0.00	0.01	0.01	0.01	0.01
菲律宾	0.00	0.00	0.00	0.01	0.01	0.01	0.01	0.01
哈萨克斯坦	0.01	0.02	0.01	0.01	0.02	0.03	0.03	0.03
韩国	0.01	0.01	0.01	0.00	0.01	0.01	0.01	0.01
荷兰	0.00	0.00	0.00	0.00	0.00	0.00	0.01	0.01
吉尔吉斯斯坦	0.07	0.05	0.10	0.12	0.11	0.12	0.13	0.13
加拿大	0.01	0.01	0.01	0.01	0.01	0.01	0.01	0.01
柬埔寨	0.02	0.04	0.06	0.10	0.14	0.15	0.15	0.15
捷克	0.00	0.00	0.00	0.00	0.00	0.00	0.00	0.00
肯尼亚	0.02	0.02	0.03	0.05	0.06	0.07	0.09	0.09
老挝	0.13	0.11	0.17	0.23	0.29	0.39	0.50	0.50
罗马尼亚	0.00	0.00	0.00	0.00	0.00	0.00	0.00	0.00
马来西亚	0.00	0.00	0.00	0.01	0.00	0.01	0.01	0.01
美国	0.01	0.01	0.01	0.01	0.01	0.02	0.02	0.02
蒙古	0.22	0.21	0.22	0.15	0.10	0.11	0.11	0.11
孟加拉国	0.01	0.01	0.01	0.01	0.01	0.01	0.01	0.01

续表

国家/年份	2007	2008	2009	2010	2011	2012	2013	2014
缅甸	0.02	0.04	0.06	0.11	0.12	0.13	0.13	0.13
墨西哥	0.00	0.00	0.00	0.00	0.00	0.00	0.00	0.00
南非	0.01	0.03	0.01	0.02	0.02	0.02	0.02	0.02
尼日利亚	0.01	0.01	0.01	0.01	0.01	0.02	0.02	0.02
日本	0.00	0.00	0.00	0.00	0.01	0.01	0.01	0.01
沙特阿拉伯	0.00	0.00	0.00	0.00	0.00	0.00	0.01	0.01
斯里兰卡	0.00	0.00	0.00	0.01	0.01	0.01	0.02	0.02
苏丹	0.03	0.02	0.02	0.02	0.03			0.03
塔吉克斯坦	0.05	0.13	0.08	0.08	0.08	0.15	0.19	0.19
泰国	0.00	0.00	0.00	0.01	0.01	0.01	0.01	0.01
土耳其	0.00	0.00	0.00	0.00	0.00	0.00	0.00	0.00
土库曼斯坦	0.00	0.01	0.01	0.03	0.01	0.01	0.01	0.01
委内瑞拉	0.00	0.00	0.00	0.01	0.01	0.02	0.02	0.02
乌克兰	0.00	0.00	0.00	0.00	0.00	0.00	0.00	0.00
乌兹别克斯坦	0.01	0.01	0.01	0.01	0.01	0.01	0.01	0.01
希腊	0.00	0.00	0.00	0.00	0.00	0.00	0.00	0.00
新加坡	0.01	0.01	0.02	0.01	0.02	0.02	0.02	0.02
新西兰	0.00	0.00	0.00	0.00	0.00	0.00	0.00	0.00
匈牙利	0.00	0.00	0.00	0.00	0.00	0.00	0.00	0.00
伊拉克	0.00	0.00	0.00	0.03	0.03	0.03	0.01	0.01
伊朗	0.00	0.00	0.01	0.01	0.02	0.03	0.04	0.04
以色列	0.00	0.00	0.00	0.00	0.00	0.00	0.00	0.00
意大利	0.00	0.00	0.00	0.00	0.00	0.00	0.00	0.00
印度	0.00	0.00	0.00	0.00	0.00	0.00	0.01	0.01
印度尼西亚	0.01	0.01	0.01	0.01	0.01	0.01	0.01	0.01
英国	0.00	0.00	0.00	0.00	0.00	0.01	0.01	0.01
越南	0.01	0.01	0.01	0.01	0.01	0.01	0.02	0.02
赞比亚	0.03	0.04	0.05	0.05	0.06	0.08	0.08	0.08

数据来源：CEIC，WDI。

表 38 是否签订 BIT

国家	2014 年
阿根廷	1.0
阿联酋	1.0
埃及	1.0
埃塞俄比亚	1.0
安哥拉	0.0
澳大利亚	1.0
巴基斯坦	1.0
巴西	0.0
白俄罗斯	1.0
保加利亚	1.0
波兰	1.0
德国	1.0
俄罗斯	1.0
法国	1.0
菲律宾	1.0
哈萨克斯坦	1.0
韩国	1.0
荷兰	1.0
吉尔吉斯斯坦	0.0
加拿大	0.5
柬埔寨	1.0
捷克	0.0
肯尼亚	0.0
老挝	1.0
罗马尼亚	1.0
马来西亚	1.0
美国	0.5
蒙古	1.0
孟加拉国	0.0

续表

国家	2014 年
缅甸	1.0
墨西哥	1.0
南非	1.0
尼日利亚	1.0
日本	1.0
沙特阿拉伯	1.0
斯里兰卡	1.0
苏丹	1.0
塔吉克斯坦	1.0
泰国	1.0
土耳其	1.0
土库曼斯坦	1.0
委内瑞拉	0.5
乌克兰	1.0
乌兹别克斯坦	1.0
希腊	1.0
新加坡	1.0
新西兰	1.0
匈牙利	1.0
伊拉克	0.0
伊朗	1.0
以色列	1.0
意大利	1.0
印度	1.0
印度尼西亚	1.0
英国	1.0
越南	1.0
赞比亚	0.5

数据来源：中国商务部。

表 39 **签证情况**

国家	2015 年
阿根廷	0.5
阿联酋	0.5
埃及	0.5
埃塞俄比亚	0.0
安哥拉	0.5
澳大利亚	0.3
巴基斯坦	1.0
巴西	0.5
白俄罗斯	0.8
保加利亚	0.5
波兰	0.5
德国	0.5
俄罗斯联邦	0.8
法国	0.3
菲律宾	0.5
哈萨克斯坦	0.5
韩国	0.5
荷兰	0.0
吉尔吉斯斯坦	0.5
加拿大	0.3
柬埔寨	0.5
捷克共和国	0.0
肯尼亚	0.5
老挝	0.7
罗马尼亚	0.5
马来西亚	0.5
美国	0.3
蒙古	0.7
孟加拉国	0.7

续表

国家	2015 年
缅甸	0. 5
墨西哥	0. 5
南非	0. 3
尼日利亚	0. 7
日本	0. 0
沙特阿拉伯	0. 0
斯里兰卡	0. 7
苏丹	0. 5
塔吉克斯坦	0. 8
泰国	0. 5
土耳其	0. 5
土库曼斯坦	1. 0
委内瑞拉	0. 7
乌克兰	0. 5
乌兹别克斯坦	0. 5
希腊	0. 0
新加坡	0. 7
新西兰	0. 0
匈牙利	0. 5
伊拉克	0. 0
伊朗	0. 5
以色列	0. 0
意大利	0. 0
印度	0. 0
印度尼西亚	0. 5
英国	0. 5
越南	0. 7
赞比亚	0. 0

数据来源：中国商务部。

表 40 **对华关系**

国家	2015 年
阿联酋	6.79
埃及	7.00
埃塞俄比亚	7.36
白俄罗斯	7.71
保加利亚	6.29
波兰	6.43
俄罗斯	8.86
哈萨克斯坦	8.79
吉尔吉斯斯坦	7.50
柬埔寨	8.50
捷克	6.50
肯尼亚	6.93
老挝	7.93
罗马尼亚	6.50
马来西亚	7.21
蒙古	6.86
孟加拉国	7.21
缅甸	6.29
沙特阿拉伯	6.93
斯里兰卡	7.00
塔吉克斯坦	7.36
泰国	7.64
土耳其	6.50
土库曼斯坦	7.36
乌克兰	6.36
乌兹别克斯坦	6.93
希腊	7.07
新加坡	7.50
匈牙利	6.64

续表

国家	2015 年
伊拉克	6.14
伊朗	7.29
以色列	7.36
印度	7.14
印度尼西亚	7.43
越南	5.14
阿根廷	7.07
安哥拉	6.29
澳大利亚	7.00
巴基斯坦	9.21
巴西	7.50
德国	7.71
法国	7.71
菲律宾	3.71
韩国	8.50
荷兰	7.50
加拿大	7.14
美国	6.21
墨西哥	6.79
南非	7.50
尼日利亚	6.93
日本	3.79
苏丹	6.64
委内瑞拉	8.21
新西兰	7.50
意大利	7.36
英国	7.79
赞比亚	7.36

数据来源：德尔菲法。

表 41 投资受阻程度

国家	2015 年
阿根廷	0.5
阿联酋	0.7
埃及	0.7
埃塞俄比亚	0.8
安哥拉	0.8
澳大利亚	0.4
巴基斯坦	0.8
巴西	0.7
白俄罗斯	0.7
保加利亚	0.7
波兰	0.7
德国	0.8
俄罗斯	0.8
法国	0.7
菲律宾	0.6
哈萨克斯坦	0.8
韩国	0.8
荷兰	0.8
吉尔吉斯斯坦	0.6
加拿大	0.5
柬埔寨	0.6
捷克	0.8
肯尼亚	0.8
老挝	0.7
罗马尼亚	0.7
马来西亚	0.7
美国	0.6
蒙古	0.4
孟加拉	0.8

续表

国家	2015 年
缅甸	0.6
墨西哥	0.3
南非	0.7
尼日利亚	0.7
日本	0.7
沙特阿拉伯	0.7
斯里兰卡	0.6
苏丹	0.7
塔吉克斯坦	0.6
泰国	0.7
土耳其	0.8
土库曼斯坦	0.6
委内瑞拉	0.7
乌克兰	0.6
乌兹别克斯坦	0.6
希腊	0.6
新加坡	0.8
新西兰	0.7
匈牙利	0.7
伊拉克	0.6
伊朗	0.8
以色列	0.8
意大利	0.8
印度	0.6
印度尼西亚	0.7
英国	0.8
越南	0.6
赞比亚	0.7

数据来源：德尔菲法。

主要作者简介

张明，经济学博士，研究员，中国社会科学院世界经济与政治研究所国际投资研究室主任，研究领域为国际金融与中国宏观经济。曾在香港金融管理局与哈佛大学肯尼迪政府学院做访问学者。出版《全球危机下的中国变局》、《中国的高储蓄：特征事实与部门分析》等学术著作，在国内外学术期刊上发表学术论文多篇，并在国内外财经媒体上发表大量的财经评论。

王永中，经济学博士，研究员，中国社会科学院世界经济与政治研究所国际投资研究室副主任，研究领域为国际投资与经济增长。曾在日本经济研究中心、布鲁塞尔自由大学与波士顿大学国际关系学院做访问学者。出版《中国主权财富投资的理论、问题与对策》、《中国外汇冲销的实践与绩效》等学术著作，在国内外学术期刊上发表学术论文多篇。